MW01092554

Sofía Beyond

CELOS

UN LIBRO PARA COMPRENDER Y SUPERAR LOS CELOS EN LAS RELACIONES, EN EL AMOR Y EN EL POLIAMOR

@sofiabeyond

Primera edición: noviembre de 2020

Editorial Arcopress • Desarrollo Personal
Directora editorial: Emma Nogueiro
Corrección y maquetación: Rebeca Rueda
Portada: Fernando de Miguel

Imprime: Coria Artes Gráficas
ISBN: 978-84-17828-69-1
Depósito Legal: CO-1044-2020
Hecho e impreso en España - *Made and printed in Spain*

Índice

Introducción

Dedicatoria

Celos está dedicado a todas aquellas personas que alguna vez han sentido celos o han tenido que tratar con los celos de otras personas.

A quienes quieran entender sus celos y liberarse de la presión que puede provocar el «no saber qué me pasa» o «por qué me sucede esto».

También, a quienes tengan curiosidad e interés por conocer otro punto de vista sobre las relaciones no monógamas, partiendo de uno de los pilares que ocasiona que muchas personas no se sientan alineadas para practicarlas o al que se han de enfrentar, en mayor o menor medida, quienes se inician en ellas: los celos.

Si bien hago hincapié en mi experiencia sobre los celos a partir de mis relaciones abiertas, el trabajo de deconstrucción que propongo al final de este libro puede servir tanto para parejas monógamas como no monógamas, así como para relaciones entre colegas, amigos o parientes.

Estructura

El libro se divide en tres partes: en la primera, relato mi experiencia personal; en la segunda, expongo mis observaciones sobre los celos (*Celos*), y, en la tercera, comparto el método de preguntas que he utilizado para gestionar mis emociones y superar mis celos, que he llamado «Guía de siete pasos para superar los celos», con ejemplos y un cuaderno para escribir, y veinticinco preguntas para deconstruir los celos con más detalle. Tanto la guía como las preguntas se pueden hacer por separado y escoger con el tiempo aquello con lo que te sientas más identificado/a y te sea más útil en tu trabajo personal.

Además, he agregado treinta preguntas que me sirvieron para definir el sentido de mis relaciones y mi enamoramiento, y así gestionar mejor mis expectativas con respecto a la realidad, construyendo relaciones más conscientes, sanas y felices. Al principio, pueden parecer muchas, pero con el tiempo aprendí a utilizar las que necesitaba hasta llegar a hacerlo solo en mi cabeza, sin necesidad de escribir las respuestas. Estas son algunas de las preguntas que a mí me sirvieron para dicho fin, puede ser que elijas solo utilizar las que más te convengan o las reformules a tu gusto.

Entre todas las temáticas de gestión emocional de las que deseaba hablar, inicialmente elegí los celos un poco por intuición, y luego porque me di cuenta de que estos eran mucho más que una rabieta propia de mi niña interior caprichosa o de un novio mandón, eran también una poderosa herramienta de descubrimiento personal y de superación de creencias limitantes o aprendidas que poco tenían que ver con mi forma de ser tal como nací.

Como poliamorosa, busco compartir mi experiencia y

aprendizaje de superación cultural para inspirar y servir a quienes deseen abrir sus relaciones, o bien a los que han empezado a hacerlo y buscan una guía que les permita poner orden a la hora de entender sus celos y superarlos si es el momento.

Por último, con este libro quiero, sobre todo, ofrecer multiperspectivas sobre los celos. Trascender la visión dual de buenos o malos para encontrar nuevos matices y contextos, y compartir los diversos puntos de vista que me sirvieron para entender qué me estaba pasando y cómo podía revertirlo.

Trabajar mis celos me permitió también entender los celos que los demás podían sentir hacia mí y no tomármelo como «algo personal», separándome de la emoción del otro y aprendiendo a no responsabilizarme de las emociones ajenas o de las emociones que yo podía generar en los demás solo por expresarme tal y como soy al natural.

Todo ello me alivió de muchas culpabilidades y vergüenzas y de controlarme a la hora de expresarme o cohibirme, lo que se resumió en hacer de mi vida una experiencia extremadamente más ligera, placentera y totalmente libre.

La historia detrás del título

Cuando empecé este libro, no sabía cómo titularlo y, aunque podía parecer algo secundario, necesitaba tener clara su intención principal, lo que suelo conseguir con el título.

Entre todas las ideas que rondaban en mi cabeza, estaban *El lado oscuro de los celos*; *Descubriendo los celos*; *Todo sobre los celos*; *Los celos, una herramienta para...*, etcétera.

Mi motivación principal era, por un lado, compartir mi

experiencia en la liberación de mis celos para poner orden y aclarar qué era este complejo emocional. Y, por otro lado, ofrecer la técnica de gestión emocional que me permitió liberarme de ellos, o rebajar el dramatismo con el que los vivía, y conseguir tomar otra actitud en esos momentos de celos y no reaccionar de manera desesperada.

En mi proceso de observación me di cuenta de que los celos no eran para nada lo que yo había pensado que eran. Tenía muchas ideas preconcebidas acerca de ellos, basadas únicamente en su aspecto negativo o en lo que yo había considerado como negativo debido a mis experiencias pasadas y lo que había observado superficialmente de ellos en mi entorno. Solo conocía de los celos las actitudes más recurrentes en las relaciones de pareja: los reproches, las envidias, los llantos, el control negativo, los comentarios con intenciones sospechosas o los desplantes que dejan un sabor amargo o resquebrajan las relaciones.

En uno de esos momentos de pasión desmedida en los que mis ganas de vivir se potenciaban y los celos ya no se apoderaban de mí, sino que yo me empoderaba a través de ellos, comencé a teclear en mi ordenador, enroscada como un caracol y estrujando de mí cada una de las palabras que este libro contiene, a oscuras, con los ojos ardiendo y con todo el centro de mi cuerpo megaexcitado para ofrecer lo mejor de mí, para servir a otros como yo.

Sentía que debía compartir lo que me había aportado tanta plenitud y liberación. Aquello que me habría gustado encontrar de adolescente para entender lo que percibía, pero a lo que no sabía poner nombre. Debía ofrecerlo a quienes lo buscaran o a quienes ya lo viven y pueden encontrar en mis palabras un reflejo en el que sentirse entendidos o abrazados.

No podía parar. Fue una noche entera en la que logré tener mi primer borrador listo, cada subtítulo, cada tema, cada idea proyectada. Lo tenía claro. Después, dormí como un bebé, la mañana siguiente parecía una vida nueva. Supongo que es el efecto de escribir sacando todo de dentro, como parir un hijo ansiado, como descargar una metralleta contra un blanco o dar con una flecha en el punto exacto.

Durante el *brainstorming* de títulos, me di cuenta de que cada uno de ellos hacía referencia a un aspecto de este libro, pero no lo definía por completo, por eso tuve que elegir aquel con el que tuviera más *feeling*, si se me permite el *spanglish*, y, sin duda, fue *Celos.*

El lado oscuro de los celos hacía referencia a lo que yo desconocía de los celos. Aquello que aún no había descubierto de esta vivencia-emoción, de lo que aún no podía hablar o no sabía cómo afrontar con profundidad. «El lado oscuro», en mi archivo de conceptos, significa «lo desconocido», «lo aún no iluminado», por tanto, «lo no visto».

A raíz de mis charlas o consultas privadas, me he dado cuenta de que las necesidades de saber son diferentes. A algunas personas no les interesará saber qué son exactamente los celos y prefieren ir al grano para encontrar la fórmula que les alivie o elimine los celos de su vida, debido a las sensaciones o situaciones desagradables que estos les producen. Otras personas, quizá más sensibles o curiosas, además de buscar resolverlos y aprender a liberarse de ellos, necesitan saber qué son, cómo o por qué se instalan en una persona, etcétera.

El lado oscuro de los celos es el título que más me gustó y el que habría elegido, pero siento que el concepto «lado oscuro» hoy en día es un tanto ambiguo y se interpreta en la mayoría de los casos como aquello malo o peligroso, en lugar de «lo aún no visto», así que preferí renunciar a este gusto personal y dar lugar a *Descubriendo los celos*, que hacía referencia a las intenciones del título anterior, pero añadiendo un matiz arqueológico al asunto, sonaba a quitar la tierra de encima y sacarlos a la superficie para poder verlos. Por una cuestión de matices y perfeccionismo, lo descarté y seguí buscando otros títulos que resonaran conmigo y, espero, con los futuros lectores.

Todo sobre los celos me parecía un tanto pretencioso, dado que siempre hay algo más por descubrir, sobre todo, hablando de emociones y personas, así que lo descarté.

Los celos como herramienta de descubrimiento personal me hizo sentir un poco como una fría carpintera de la emoción, por lo que tampoco terminó de cuajar y lo descarté.

Sentía que me faltaba poesía y eros. Entonces, me dije: «Para, respira». Cerré los ojos y me dejé llevar por las sensaciones de mi cuerpo, le pregunté: «¿Tú cómo lo titularías?». En ese instante, llegó para quedarse… *Celos*, desatar los nudos para que el lazo por su propio peso caiga, siendo los nudos el peso de la cultura del celo, y la desnudez, una representación de la liberación, piel bien fresquita y al natural.

Sobre mí

Sofía Beyond (love)

Embajadora de los poliamorosos

Mi profunda curiosidad por lo sensual y por comprender la naturaleza humana me condujo a estudiar aquellas artes y ciencias que me nutrieran sobre ello, pero nunca supe muy bien qué haría con tanto estudio y saber. A pesar de las apariencias, aprendía más haciendo que solo acumulando datos y títulos, y lo que, en realidad, buscaba detrás de todo esto era volver a conectar con mi forma de amar, aquella con la que nací. Algo que ningún curso o psicólogo supo enseñarme, hasta que conocí a mi mentor e inicié la convivencia consciente de la que hablo más adelante.

Como buena hipersensible, siempre tuve una pulsión irremediable por concebir otras formas de vivir, sea de formar parejas, de crear familias, de trabajar, de establecer convivencias, de entender la salud, de conceptualizar las ciudades, los cultivos o los sistemas de financiación, de generar energía, de consumir y, sobre todo, me interesaban otras formas de educar.

En el 2015, después de dos años recibiendo *coaching* personal, comencé a vivir mi verdad. Transformé mi casa en un laboratorio y en un lugar de acogida para otros seres curiosos como yo, e inicié mi divulgación sobre el poliamor y otras formas de amar y educar. Desde ese día, entre otras cosas, no paré de escribir y crear contenido educativo sobre las relaciones humanas. Impartir charlas y ofrecer talleres para inspirar a otras personas a vivir su verdad amorosa y sexual, más allá de la cultura, más allá de lo aprendido, momentos de alta complicidad en los que en el ambiente se respira el concepto *Beyond love*.

Mi estilo

austera y explosiva

Mi lenguaje es austero, es el de quien ha atravesado cada una de las emociones y situaciones que aquí se describen, hablo de mi experiencia y de lo que he observado a partir de ella como persona y como *life coach*.

He realizado numerosas charlas y encuentros sobre celos y poliamor, así como sesiones individuales, de los que he escogido las pautas y las preguntas más frecuentes que suelen hacerme, que encontrarás más adelante en este libro.

Mi ciencia, si se quiere, es la ciencia de la observación detallada de mis emociones y, con ello, de mi cultura personal.

Comencé a observar mis emociones como una forma de vivir, a finales del 2013, desde el día en que conocí a mi *coach* emocional en los primeros talleres grupales de crecimiento personal.

La razón por la que acudí a estos talleres es que yo tenía todo lo que quería y, sin embargo, no me sentía satisfecha o, como prefiero decir, colmada. Estar o no satisfecha no era un problema. Siento que esta pauta es algo natural y necesario en mis procesos creativos, pero mi forma de encararlo sí lo era y se basaba en escapar o llenar con «otra cosa» mis vacíos, debido a que no contaba con una herramienta que me permitiera entenderlos —y, por lo tanto, a satisfacerme con lo que realmente me satisfacía—, con lo cual se iban acumulando en mi pecho en forma de tristezas y nostalgias, o, como me gusta decir, tristezas anónimas, no se sabe qué es y cómo llegó, pero ahí está.

Tristezas de sentir que no lograba tener en mi vida aquello que quería, hiciera lo que hiciera, y a pesar de tener oportunidades y facilidades, que, a su vez, no sabía ver ni aprovechar.

Llevaba a cabo mi vocación sin saberlo y destruía cada nuevo emprendimiento porque no sabía exactamente qué quería, me encontraba en un modo de búsqueda permanente.

Un modo de constante deseo de sentir algo más, pues no había sido educada para crear desde lo que ya tenía y construir desde lo que ya soy, sino más bien había aprendido que tenía que ser otra cosa que lo que era (otro cuerpo, otra piel, otros pechos, otros deseos, otras inteligencias, otros modales, otros gustos, otros comportamientos, otra sexualidad, etcétera).

Vivía con la sensación de un «mañana sí», de un «debo formarme infinitamente, capacitarme y después sí podré ser…», un vivir creyendo que «el futuro sí será como yo deseo» y «será el lugar donde seré libre de verdad».

Creencias limitantes, propias de la adolescencia, que instalé de pequeña cuando elegí que «de grande haría lo que yo quisiera» y «sería libre y feliz de verdad». Elección inconsciente que se grabó a fuego en mi ser y que de adolescente se plasmó en una rebeldía sistemática hacia toda sugerencia, opinión o aire que viniera de fuera de mí.

Bajo este panorama, llegó un momento en el que mis tristezas o depresiones no se iban con nada de lo que antes me había servido. ¿Por qué me ocurre esto? ¿Qué debo hacer? ¿A quién debo recurrir? ¿Cómo pedir ayuda si no sé lo que necesito?

Después de haber estudiado, y recibido, varias técnicas de salud y de hacer todo lo que me apetecía, no era capaz de gestionar mis emociones y conseguir salir de ese bucle desacertado de mañanas malhumoradas e injustas, hasta que conocí a mi *coach* y empecé mi proceso profundo de *coaching* en convivencia.

Lo curioso de esta situación es que desde fuera no se veía a una chica con discordancias emocionales, sino más bien todo lo contrario, una mujer independiente, decidida a luchar por sus metas, que hacía lo que quería, divertida, viajante, creativa y rebelde, todo lo que socialmente podía verse como *cool* para mi época, pero eran actitudes que, en realidad, solo reforzaban mis insatisfacciones y tristezas.

Los talleres de crecimiento personal

El arte de aprender a contextualizar

Los talleres de crecimiento personal se trataban básicamente en sesiones en las que, con la guía de un *life coach* libre de opinión y filtros, yo podía poner nombre a lo que sentía. Clarificar mis ideas y pensamientos sobre mí misma y la sociedad, ideas con las que, a su vez, construía mi presente.

Este fue el inicio de comenzar a ver cómo yo observaba mi alrededor y cómo gestionaba mis emociones. Un ejercicio sencillo, pero que nunca me habían enseñado, razón por la cual necesitaba una guía para empezar a hacerlo hasta ir poco a poco asimilando la técnica y valerme por mí misma. Esto es lo que llamo «autonomía emocional».

Si algo tiene este tipo de *coaching*, es que el *coach* me enseñaba el método al mismo tiempo que lo iba aplicando para mi vida. No me enseñaba teorías ni verdades absolutas, ni me decía qué hacer o no, simplemente me guiaba con preguntas para que yo misma observara cómo yo me observaba, qué estaba eligiendo y, por lo tanto, qué estaba obteniendo en concreto en mi vida, hasta que con la práctica yo me convirtiera en mi propia *coach* y no lo necesitara para gestionar mis emociones y elecciones.

Durante los talleres, escribíamos en la pizarra las respuestas a las preguntas, y así yo podía tomar distancia de ellas y observar mis creencias, mi forma de ser, de pensar y de hablarme, mis valores, deseos, etcétera.

De esta manera, estaba organizando los conceptos en mi cabeza, ponía a mis sentimientos y dudas existenciales nombre y apellido. Ponía etiquetas a todo lo que nunca había sabido etiquetar de esta sociedad o de mis emociones. Necesitaba etiquetar, así como también reetiquetar, para poder entenderme y dejar de sentirme confundida. Fue un proceso de volver a saborear las palabras, de pararme a escuchar cuál era mi vocabulario, qué palabras resonaban en mí de una forma y no de otra. Qué conceptos me inspiraban y representaban mi forma de ser.

En mi primer taller, yo estaba en un agradable estado de *shock*, asentía continuamente con la cabeza, sin poder hablar. Era el *shock* de haber encontrado aquello que tanto había buscado aprender. Un *shock* que me colmaba de orden y limpieza mental, que comenzaba a aquietar mis nervios interiores y la ansiedad permanente con la que vivía.

Aprender a observar fue para mí, entre otras cosas, aprender a contextualizar un suceso y las emociones que estaba viviendo. Comprender que no siempre significaba lo mismo un enfado o un celo, para mí o para otra persona, y que, por lo tanto, no había una verdad o una forma única de reaccionar o hacer las cosas, sino una para cada contexto y cada persona.

La gestión emocional que utilicé se basaba primero en definir detenidamente lo que estaba sintiendo (lo cual me aportaba tranquilidad, pues yo necesitaba entender qué me sucedía), encontrar la pauta que hacía estallar dicha emoción (una creencia limitante, por ejemplo) y, finalmente, ver la elección que estaba tomando a partir de dicha emoción para poder así preguntarme si eso era verdaderamente lo que quería crear en mi vida o tomar otra elección, si esa no me convenía. Significó cambiar mi piloto automático, con el que funcionaba, por uno más consciente de lo que quería y de cómo pedir o darme aquello que quería o necesitaba.

Conocer lo que estaba sintiendo me liberó de la presión que me generaba no saber qué me sucedía. Esto relajó mis tensiones corporales más profundas, mis migrañas y ansiedades, que parecían no tener lógica.

Aprender a tomar decisiones me sirvió para tareas básicas, como tener que elegir un vaquero, decidir si enviar o no una propuesta laboral, ir a un evento o hasta para saber si seguir manteniendo una relación o no con una determinada persona.

Aquel primer taller marcó un antes y un después en mi vida. Desde aquel día, quedé de por vida conectada con mi *coach*, que hoy reúne las cualidades de amigo, amante, padre, abuelo, niño, confidente, cómplice, carpintero, guía... Todo.

Con Jean-François, mi *coach*, encontré ese alto nivel de entendimiento que había echado de menos desde muy temprana edad, alrededor del año y medio de vida. Había encontrado mi oasis, el hombre adulto que me entendía y que, además, sabía cómo guiarme. Desde ese momento, lo tuve claro: este sería solo un camino de ida.

Su formación pasó por varias técnicas, entre ellas, la programación neurolingüística (PNL) y el trabajo de los enfados, The Work, de Katy Byron, hasta que comenzó a dotar su sistema de trabajo con sus propias observaciones sobre el ser humano y la gestión emocional, adquiriendo una visión sin precedentes.

Gracias a esta herramienta, he reconquistado la calidad de vida emocional y amorosa con la que nací, dejando de ver los hechos (mis emociones y celos) como buenos o malos para empezar a ver lo que había y lo que no había, lo positivo y lo negativo de cada situación o relación en mi vida.

Por último, y haciendo hincapié en la temática de este libro, pude darme cuenta de que sentía celos, descubrir qué eran y por qué los sentía, hasta ir poco a poco deshaciéndome del drama con que los vivía. Pude deconstruirlos parte por parte hasta dejarlos, en esencia, como una alerta fisiológica ante una supuesta pérdida de estabilidad. Un estrés que me indicaba que algo estaba siendo movido de lugar, alterando mi norma del momento, lo que, a su vez, me permitía reconocer qué norma era esa y trascenderla, junto con los celos que esta me provocaba.

Aprendí que no puedo cambiar quién soy, que no puedo modificar mis deseos, pero sí conocerlos y agregar otros, e incluso darme cuenta de que quizás tengo deseos opuestos. El día que vi esto, dejé de luchar contra mí misma y empecé a amarme tal y como soy, agregando matices a los que ya tenía, en vez de desear quitar otros.

Deshacerme de los efectos de mis celos me ha costado un proceso de, aproximadamente, dos años. Al principio, no los llamaba «celos», fue realmente en marzo del 2017 cuando pude reconocer que aquella mezcla de sensaciones desagradables que sentía en ciertos contextos eran celos. Mis celos eran una mezcla de admiración, enfados, disgustos, placeres, desilusión, vergüenzas y otras emociones y creencias. Mi manera de reaccionar cuando los sentía era distanciarme de la situación que me los provocaba, porque no quería sentirlos, por vergüenza ante lo que estaba sintiendo o porque sentía la vergüenza de los demás y no sabía tampoco cómo actuar.

Una situación un tanto embrollada, pero así son los celos, un ovillo de emociones y pautas que, cuando tiras de él, se van desarticulando poco a poco hasta liberar el hilo por completo.

Lo que yo llamo «mi experimento»

Los inicios de la convivencia consciente

Comencé con la experiencia de *coaching* emocional en convivencia en abril del 2015, cuando le dije a mi *coach* en aquel entonces que viniera de Barcelona a Sevilla una semana para realizar talleres intensivos. Él me sugirió que una semana podía ser mucho estrés para mí, le hice caso y, finalmente, vino por cuatro días.

Cuatro días que se quedaron cortos, y al mes siguiente estaría de vuelta para vivir conmigo definitivamente. Yo ya deseaba tocarlo y quedarme pegada a él, sintiendo el calor de sus brazos, en un entendimiento y amor que había echado de menos desde siempre hasta esos días.

Durante nuestra estancia en Sevilla, además, venían amistades a visitarnos mientras realizábamos talleres o tertulias sobre las temáticas que a cada uno nos preocupaban. Más tarde, la amiga que me lo presentó vino a vivir con nosotros y, finalmente, en septiembre del 2015, nos mudamos los tres a Barcelona para encontrarnos con otros amigos y conocidos.

Durante el experimento, no todos vivíamos bajo el mismo techo, pero sí estábamos en contacto durante el tiempo que duró el trabajo emocional en convivencia que habíamos decidido compartir, hasta que cada uno eligió dejarlo o adquirió su autonomía emocional. Algunos seguimos conviviendo y compartimos proyectos juntos.

Un poco de telenovela

En ese momento, en el que yo estaba dando un giro de 360 grados a mi vida, las preocupaciones de mi entorno no tardaron en manifestarse. Algunos amigos me bloquearon de las redes sociales; otros me pedían que no me mudara a Barcelona y me decían que Jean-François era peligroso y debía alejarme de él. Hablaban entre ellos de que me había vuelto loca, estaban preocupados o me evitaban por la calle, entre otras cosas.

Lo curioso de todo esto es que ellos me rechazaban, pero yo seguía siendo la misma persona: seguía saliendo, quería quedar con ellos y en ningún momento había agredido a nadie ni le había dicho a nadie lo que tenía que hacer. Yo estaba cada día más rebosante de alegría, y mi sonrisa no cabía en mi rostro. Poco a poco, dejaron de contactarme, y a mí me dejaron de interesar, ¿qué íbamos a poder compartir? Algo similar sucedió con algunos miembros de mi familia.

Me entristecí, me enfadé; no entendía por qué sucedía esto. Ver a una joven con un hombre mayor era raro y podía aceptar que les chocara, pero no entendía por qué se alejaban de mí. ¿Qué tenía que ver mi relación con Jean-François con ellos?

Luego entendí que sus reacciones fueron suscitadas por sus propios miedos, a los cuales no supe hacer frente; que no confiaban en mí y no se interesaban por mi felicidad, más bien solo daban su opinión, proyectaban su vida o temblaban al ver que su *statu quo* se ponía en jaque y querían impedirlo. Y es que, en principio, nadie ve a nadie, solo nos vemos a nosotros mismos.

Cabe destacar que también hubo quienes me apoyaron, quienes tenían curiosidad, quienes no entendían nada, pero ahí seguían y se reían conmigo, o decían: «Ya está Sofía con sus locuras…».

De toda esta experiencia aprendí algo muy importante: a aceptar la no aceptación del otro, al fin y al cabo, tienen derecho, es su vida; a no buscar ser entendida por todos, pero sí por mí, y que soy una artista y no una moralista, no vengo a vivir lo que está bien o lo que está mal para mi sociedad, vengo a vivir como nací.

¿Por qué en convivencia? ¿Qué descubrí?

En pocas palabras, es lo que yo llamo una «terapia de choque». Gracias a convivir, pude verme a mí misma actuar, sentir y pensar *in situ*. La convivencia me permitió verme en el acto, en el momento preciso en el que yo estaba reaccionando o actuando de determinada manera, sea amorosamente o sea rechazando, para así indagar en ello.

La convivencia significó relacionarme con otras personas y así ver que había otras formas de hacer las cosas. La compañía de personas que pasaban por lo mismo me servía de espejo para verme o para entender otras formas de amar o de ser.

En la convivencia pude encontrar mis manías, mis expectativas sobre los demás, mis tiranías, mis miedos, mi forma de entregarme, cómo me comprometía con las personas, o no. Pude detectar mis incongruencias de desear complacer a todo el mundo y, al mismo tiempo, hacer solo lo que me diera la gana, reconocer mi infinita necesidad de «mi espacio», mi cama, mi lugar y otros «mis» que no me hacían feliz.

Gracias a la convivencia, pude ver todo lo que me irritaba de los demás que tenía que ver conmigo. Pude ver cómo me distraía por nada, ver mi rebeldía y lo poco que me gustaba escuchar a alguien darme una opinión o sugerencia. Pude ver mi intolerancia al desorden, mis obsesiones de limpieza por la necesidad de limpiar mi cabeza, mi forma de cuidar las cosas y el entorno.

Pude trabajar mis enamoramientos, ver el tipo de chico del que me enamoraba, por qué me enamoraba, cómo me comportaba cuando me enamoraba, qué esperaba de alguien al enamorarme, qué sentido tenían mis relaciones, cómo comunicaba, etcétera.

Siempre creí que era un alma que vivía libre y se expresaba así, hasta que conviví con seis personas y descubrí cómo me dejaba influir a la más mínima por lo que hacían o dejaban de hacer los demás, poniendo en duda mi concepción de la libertad y del hacer lo que me diera la gana.

Antes de la convivencia, yo vivía en modo independiente, hasta el punto de no querer compartir ni mi cama. Una forma de ser que defendía y por la que nunca había querido convivir con otras personas, trabajar en parejas en la universidad, y mucho menos en equipo, aunque en el fondo era un ser sociable y con ganas de compartir. Mi gestión de la independencia era más bien un deseo de aislamiento por no saber gestionar el estrés que me generaban las relaciones sociales y el poner límites sanos o imponerme.

A pesar de este modo de independencia solitaria, pasé de vivir sola a estar con seis personas; al principio, quería tirarme por el balcón. Los primeros meses en Barcelona me refugiaba en mi habitación, pero mis ganas de controlarlo todo podían conmigo, y muchas veces sentía en mí una lucha por querer estar en mi cueva y, al mismo tiempo, salir a ver qué pasaba para sumarme a los festejos.

Si escuchaba a gente riendo, yo quería estar ahí, pero, al mismo tiempo, quería dedicarme a mis cosas; si estaba en mis cosas, me culpabilizaba por no compartir tiempo con los demás..., y así comenzaba un bucle de pensamientos y dilemas que, gracias a la convivencia, pude sanar.

La convivencia, además, me permitió darme cuenta de que aquello que más rechazaba en mi vida era lo que más ansiaba. Tenía sed de contacto, sed de abrazos, sed de entender, de aceptarme, de explorar cuerpos y mentes. Sed de compartir y convivir sin estresarme. Sed de experimentar lo que es realmente la libertad y no mi idea adolescente de la misma.

Durante mucho tiempo, a pesar de tener amigos, conocidos y familiares, no supe aprovechar al máximo esas relaciones, no sabía vivir la alegría que me daba el contacto y disfrutar de mi disfrute; al final del día, siempre sentía que había algo que faltaba, una sensación de frustración y tristeza que me visitaba cuando me quedaba sola, al mismo tiempo que creía que a solas estaría tranquila y feliz.

La convivencia era el contexto que me ponía al límite, pues en ella todo podía pasar, desde que me molestara que nadie recogiera los pelos de la bañera hasta sentirme herida o enfadada por una mirada o un comentario «sospechoso», que quizás ni siquiera había ocurrido y que podía compartir abiertamente con los demás y con mi *coach* para trabajarlo.

Celos, formas de amar y convivencia

Los celos y las formas de amar son dos de los temas principales que he trabajado en mi experimento.

Antes de comenzar con ello, recuerdo ir caminando por las calles adoquinadas de Sevilla, en primavera, sintiendo el airecito fresco de las siete de la tarde revolotear por mis piernas desnudas y mi cuello, cuando las luces bajan y las terrazas comienzan a oler a malta y sonar a conversaciones ajenas.

Volviendo del *flashback*, recuerdo ir caminando y chatear con Jean-François por WhatsApp. Le comentaba que quería probar el poliamor, que quería saber si realmente era para mí o si se trataba de una confabulación de mis instintos, para lo que me contestó: «Lo veremos».

Yo no podía saberlo hasta que lo probara; sin embargo, sabía que la monogamia no era lo mío, porque siempre había sentido deseos y afecto simultáneo por varias personas.

Recuerdo que en la adolescencia no quería decirle a un chico al que percibía que le gustaba que tenía novio para no herir sus sentimientos. Yo, por dentro, sentía: «¡Si es que tengo para ti también!». Me parecía injusto y un sufrimiento inútil, pero no sabía cómo tratar esa situación.

Antes de empezar mi experimento, me sentía más alineada con la anarquía relacional, donde se considera que no hay parejas principales o subparejas, ni categorías o prioridades entre las personas que conforman las relaciones de una persona, pero con la práctica me di cuenta de que, a la hora de convivir, esto no se daba así del todo, pues se generaban una serie de jerarquías orgánicas en función de los deseos compartidos entre las personas, el nivel de deconstrucción o las motivaciones que estas tienen en cada momento y que incluso podían ir variando con el tiempo.

Lo que a mí me motivaba, más allá de las etiquetas relacionales, era por todos los medios llevar a cabo relaciones con sentido, así como entender el sentido de relaciones que quizás parecían no tener sentido. Relacionarme de una manera constructiva y consciente, más allá de pasarlo bien o de amar a alguien.

¿Qué significaba para mí la familia? ¿Para qué alimentar lazos o vínculos, si luego no tengo tiempo para compartir con ellos? ¿Para qué creo un vínculo? ¿Tengo ganas de tener amigos? ¿Qué significa para mí un amigo? ¿Qué doy a mis amigos? ¿Qué recibo? ¿Cómo tratar con un colega o compañero de trabajo?

Para todo esto, y en especial para descubrir mis celos, la convivencia y mi relación abierta con Jean-François me sirvieron como terapia de choque.

Los primeros celos en mi vida

Por mucho tiempo me consideré una persona no celosa con mis parejas, pues no me había visto en situaciones que me pusieran fuera de mi zona de confort, y todo cuanto conocía de los celos eran las actitudes superficiales de estos: berrinches de niños con hermanito nuevo o actitudes de reproche o control que había visto en las parejas, pero que yo nunca había vivido en carne propia.

Los primeros celos que viví indirectamente fueron con un novio celoso que tuve, quien me hacía reproches y me montaba escenas a las que yo en su momento no había etiquetado como «celos». Fue en una relación monógama, y yo en ese tiempo no sabía llamar «celos» a sus enfados reiterados, reproches inesperados, quejas sin fundamentos, autoestima herida o paranoias insistentes cuando íbamos a reuniones o fiestas.

¿Qué significaban estas escenas de celos?

Estas escenas de celos significaban, por un lado, un deseo de este novio de controlar lo que yo hacía o dejaba de hacer, así como de controlar mi forma de ser, pretendiendo cortar mi manera espontánea de expresarme con los demás. Por otro lado, significaban una serie de enfados que hablaban de heridas emocionales no superadas por su parte, a pesar de que hacía esfuerzos para ello.

En esas escenas, él intentaba controlar mis impulsos y elecciones para que no se llevaran a cabo. Deseaba que yo dejara de ser cariñosa o amable con otras personas, que le prestara atención única y exclusivamente a él. Que le debiera mi mirada. Si hablaba con otros amigos, se sentía mal, se sentía dejado de lado, se sentía despreciado, y me dejaba saber que eso no le gustaba con caras largas o discusiones.

Él buscaba evitar mi comportamiento para que no sucediera lo que no le gustaba. Buscaba no sentirse excluido e intentaba controlar mi comportamiento natural, en vez de observar las pautas que desataban sus sentimientos de exclusión y los filtros con los que teñía los hechos.

Cuando él me reprochaba mi comportamiento, yo me enfurecía porque no entendía por qué actuaba así conmigo, dado que en ningún momento era mi intención excluirlo o hacerle daño.

Aquí me doy cuenta de cómo uno solo se hace daño a sí mismo. Él proyectaba en mí sus deudas emocionales de la infancia, y en más de una ocasión preferí quedarme callada sin entender por qué actuaba así y dejarlo a su aire hasta que se le pasara.

Consideraba que aquellas escenas de celos eran injustas y, al mismo tiempo, me sentía incomprendida, tanto como no podía comprenderlo a él.

¿Por qué, a pesar de haberlo hablado, seguía él empeñado en sentirse desplazado o despreciado? ¿Por qué no confiaba en mí? ¿Por qué me consideraba mala persona? ¿Cómo hago para que él entienda que no es así? No había manera.

La gestión de aquel entonces se resumía en quedarme callada esperando o revolear mi móvil con toda mi furia para descargar mi impotencia.

¿Justificarme? ¿Pedir disculpas? No había hecho nada.

Hiciera lo que hiciera, nada era suficiente, y se molestaría de todas formas, ya que su enfado era consigo mismo y su pasado. Él era el responsable de trabajarse y amarse, y, por consiguiente, de elegir diferente para mantener la relación sana, o seguir así, pero no ya conmigo.

En esta especie de dinámica de celos-posesión, no importaba si yo complacía sus expectativas o sus mandatos, él solo era capaz de enfadarse cada vez que saliéramos de casa. Estar fuera de casa representaba salir de su zona de confort, y toda interacción que yo pudiera realizar con otras personas la vivía como una amenaza para su *statu quo*.

Su profundo miedo a perder a alguien que amaba se activaba más allá de cualquier lógica posible. En más de una ocasión, nuestros amigos no daban crédito de los acontecimientos, era una especie de paranoia.

Hoy, con perspectiva, puedo entender que mi reacción de esperar a que se le pasara fue lo mejor que podría haber hecho. Dejar a la persona con sus celos interiores y no hacerle más caso del necesario, con la diferencia de que hoy no me sentiría incomprendida o víctima de la situación, sino que habría podido enseñarle un poco más sobre aquellos celos si él lo hubiera deseado.

No pudo ser y, por más amor que hubiera, no había entendimiento, y lo dejé.

¿Por qué dejarlo a su aire fue lo mejor que pude hacer?

Cuando me enfadaba por estas situaciones y expresaba mi enfado e indignación, no llegábamos a ningún acuerdo ni entendimiento. ¿De qué serviría decirle que estaba equivocado cuando, en su mundo, estaba convencido de que lo que había sucedido era real?

Además, era cierto, yo amaba a los demás, pero no con las intenciones que él proyectaba; no para dejar de amarlo, no para excluirlo o dejarlo, que fue lo que acabó obteniendo. Esto me recuerda que los miedos atraen deseos y viceversa, y cómo el miedo y el deseo son una emoción en sí misma, y cuando se siente una, se puede sentir la otra.

Al enfadarme y discutir, lo único que obtenía era alimentar el bucle de la discusión, reiterando los argumentos y la narración de los hechos que poco iban a servirnos para superar la situación.

Por otro lado, además, si yo hubiera pedido disculpas por algo que no había hecho, habría estado asumiendo una responsabilidad que no me correspondía y habría alimentado su confusión y victimismo, con la posibilidad de volver a repetir dichos acontecimientos. Tengo la sensación de que a veces perdonar es dar pie a que aquello que se ha perdonado se vuelva a repetir.

«Yo no soy celosa»

Yo me consideraba no celosa porque nunca había sentido miedos o inseguridades en mis relaciones de pareja que me condujeran a querer controlar lo que ellos hacían de manera constante y para saber si estaban en «lo correcto». Tampoco me vi realizando desplantes del tipo: «¿Y quién es esa?», «¿Con quién te escribes?», etcétera.

Más bien, me dejaba llevar. Las relaciones eran para disfrutarlas, y los amantes venían solos. Tampoco pensaba en la confianza o desconfianza, era algo que sucedía automáticamente. No tenía miedo al engaño o a una posible infidelidad, simplemente vivía la relación y estaba preocupada por mis estudios y por encontrar mi vocación.

No había sentido celos porque a ese tiempo aún no me había visto fuera de mi zona de confort para poder experimentarlos, y eso llegó gracias a abrir mis relaciones de pareja.

Por otro lado, siento que, para poder decir: «Yo no soy celoso», se debe haber sentido celos alguna vez; si no, ¿cómo puedo afirmar que no siento algo que no conozco? ¿Cómo puedo negar un sentir si no lo conozco o no lo he vivido antes? Quizá sea más acertado decir: «Yo no soy más celoso».

Tampoco se trataba de un ser o no ser, sino más bien de un «siento celos en esta situación por esto, lo que significa aquello».

Celos

Aclaraciones importantes que me ayudaron a ver los celos de otra manera

Los celos pueden estar presentes en cualquier tipo de relación: de humano a humano, de humano a animal, de humano a vegetal y de humano hacia las cosas.

Por ejemplo, hay personas que tratan a sus mascotas o plantas con un cuidado diferente comparado con el trato que dan a otros familiares o amigos, y en esta diferencia que se hace (consciente o inconscientemente) pueden activarse los celos de otro familiar o amigo que lo percibe y siente que no recibe ese mismo cuidado.

A partir de este suceso, en la persona que siente celos se pueden despertar toda clase de preguntas o afirmaciones que generen diferentes emociones y reacciones. Siguiendo el ejemplo:

- Yo también quiero ese trato.
- No me gusta ese gato.

- Es más importante la planta que yo. Me enfado con mi madre y le contesto mal.
- ¿Por qué yo no recibo el mismo trato?
- ¿Qué tiene él que yo no tengo?
- ¿No soy suficiente?
- ¿Qué hice mal para no merecer ese trato?
- Algo habré hecho mal para que no me cuide de la misma forma.
- ¿Cómo soy yo con esa persona para que no me trate igual que a fulano o a la planta?
- ¿Qué tiene fulano que yo no tenga?
- ¿Son los hechos para tanto o exagero?
- ¿Qué es lo que realmente me molesta de esta situación?
- Ama más a su gato que a mí. Me voy.
- Ama más a su gato que a un humano, se puede entender.
- Ama más a su gato que a mí, qué tristeza.

Los celos pueden estar presentes en cualquier tipo de relación. Puedo sentirlos teniendo una relación abierta, monógama, en tríos, por un novio, un ligue, alguien que acabo de conocer, con amigos, colegas, familiares, etcétera. Son solo celos, una alarma, una alerta.

Puedo sentir celos con mayor o menor consciencia de ello. Es decir, puedo sentir celos y llegar a pensar: «Agh…, esta persona, no sé, hay algo en ella que no me gusta», «Con esta persona no tengo *feeling*», o sencillamente no pensar nada, pero sí sentir un ruido interno que me indica que algo no es armónico con esa persona o situación, y rechazarla.

No todos los rechazos se deben a celos, pero, si hay celos, hay algo que se rechaza o aún no se conoce.

Los celos se relacionan con el hecho de fijar límites según el modelo de relación que desees llevar, y, al mismo tiempo, liberarte de ciertos celos te ofrece la oportunidad de superar dichos límites si has sentido que quizás eres más de relaciones abiertas. Los límites no son buenos o malos, fijos de por vida o variables, cada persona es un mundo, y su forma de amar también lo es. En lo que quiero hacer hincapié aquí es en la utilidad que los celos pueden ofrecer si se toma uno el tiempo de observarlos y está dispuesto a trabajarlos.

Como poliamorosa, durante mis relaciones abiertas, cada nuevo celo me hablaba de sucesos que no aceptaba o un día elegí que no debía aceptar por respetar el modelo de relaciones cerradas que había aprendido de pequeña, diferente al modelo de relación con el cual nací. Algunos de estos sucesos se comportaban como creencias o ideas fijas que, en realidad, cuando las respetaba, no me hacían feliz, y con cada celo nuevo tenía la oportunidad de conocerme y normalizar dichos sucesos, y, por lo tanto, superar mis celos (enfados), o bien establecer un límite. Ejemplo de creencias y límites:

- No quiero que mi pareja esté con otra persona (relación cerrada). Socialmente, si no se cumple este deseo, suele llamarse «celos», pero, en realidad, es un dolor de traición.
- No quiero que mi pareja esté con otra persona sin habérmelo contado (relación abierta con condición: debe contármelo).

- No quiero ver a mi pareja tocar sensualmente a otra persona.
- No quiero a mi pareja yendo a una cita con otra persona.
- No puedo compartir el amor que siento.
- No puedo compartir a mi pareja.
- No puedo entregarme a más de una persona.
- No es mi pareja, pero igual me da celos. La persona que deseo solo debe desearme.
- Puede mi pareja tener relaciones sexuales, pero no formar otras parejas.
- En mi cama, no (¿qué diferencia puede haber realmente?).
- Puede mi pareja amar a otra persona, pero yo no quiero estar presente.
- Pueden mis relaciones tener otras relaciones, pero debo conocerlas.
- Mi razón de ser es mi pareja; si no está solo conmigo, me duele el alma.
- La razón de mi orgullo es mi pareja; si ella no es solo mía, siento vergüenza, deshonra, y me siento poca cosa.

Si se quiere, detrás de cada condición pueden verse creencias aprendidas o creencias de nacimiento, y, finalmente, límites naturales y límites culturales.

Unos son los deseos con los que se nace; otros, creencias que se aprenden y se eligen respetar (cultura). Lo importante de los límites es detectar con cuáles se nace y cuáles se aprendieron para establecer acuerdos viables entre los vínculos y definir el trabajo de deconstrucción que uno quiera hacer.

Hay que estar fuertemente decidido a realizar un trabajo de deconstrucción de celos a partir del poliamor (si nunca antes los has sentido), puesto que implica una demanda de tiempo importante y un plus de estrés que gestionar propio de romper creencias y culturas personales.

Nadie puede hacer el trabajo de deconstrucción de los celos por otra persona. Corresponde a cada uno trabajarlos.

¿Qué significaban en realidad mis celos?

En varias ocasiones durante la convivencia, he tenido que atravesar los efectos de los celos, sea por sentirlos en carne propia, por tener que lidiar con los celos de los demás hacia mí o con los celos de un chico que no toleraba que yo tuviera relaciones abiertas, por ejemplo.

Antes de entender el mecanismo de los celos, hacía lo que podía para sobrellevar la situación. Me justificaba y explicaba para que la otra persona entendiera mi forma de amar y, así, dejara de sentir celos. Me enfadaba si una amiga reaccionaba celosa por mí, o, cuando sentía los celos en carne propia, me desbordaba la emoción y podía reaccionar rechazando (no abrazando del todo, por ejemplo) a la persona que amo, actitud de la que luego me arrepentiría y me sentiría megaculpable.

Pero... ¿qué era este torbellino de sensaciones que me desbordaban cuando sentía celos?

Cuando me pregunté a mí misma qué eran los celos, la afirmación que sentí fue la siguiente:

Los celos son un complejo emocional, es decir, un compuesto de emociones combinadas, sentimientos, pensamientos, ideas fijas, sensaciones corporales y patrones culturales arraigados en mi inconsciente, que forman parte de mi historia personal, que se dan de manera simultánea mientras los siento y varían en su constitución, dependiendo de cada contexto.

Cuando los celos afloraban, me aportaban información sobre mi inconsciente que me permitía observar qué desconocía de mí misma sobre la situación que los despertó para poder revertirla. A veces, con el simple hecho de saber qué los había provocado era suficiente para sanarlos.

Me permitían observar qué ideas aprendidas los alimentaban y con qué filtros estaba viviendo yo la situación que los activó.

Cuando me autoricé a sentir mis celos, me di la oportunidad de preguntarme qué es lo que me está pasando más allá de lo superficial o de mis reacciones celosas, y, de esta manera, comenzar a deconstruirlos, sanarlos y encontrar lo que yo llamo el «edén de mi profundo gozo» (momento hada).

Un estado en el que me encuentro colmada, siento que no deseo nada más que lo que ya estoy teniendo, lo que, a su vez, me permite construir en vez de estar estancada o mareada en mi emoción; me permite concentrarme en lo que verdaderamente me importa y para lo que he venido a este mundo (momento místico).

En esos momentos, lo que antes me molestaba o afectaba ahora me hace reír, o encuentro otros puntos de vista que me permiten entender lo que me sucede y le quitan dramatismo a la situación. Encuentro soluciones, tengo menos problemas y me libero de mis contradicciones culturales.

Solo estoy en mi presente, sintiendo mi cuerpo, mi vida, el aire, disfrutando, creando…

Fue una liberación, en el sentido de dejar de ir en contra de mi propia corriente; de arrastrar el peso de desear cosas en mi forma de vincularme y en mi vida en general, que en realidad no quería (por lo tanto, no las cumplía o no las llevaba a cabo y perdía el tiempo); de autoconfundirme mareándome y mareando a los demás, o tardando horas, días o meses para tomar una simple decisión o superar una emoción.

Fue recuperar poco a poco mi Sofía natural, con su forma de expresarse tal y como he nacido, diversa a la Sofía cultural, resultado de un sistema y de la educación recibida.

Desconocía tanto los celos que los estaba desaprovechando...

La educación formal que recibí no tenía en su programación enseñar a gestionar emociones. Carecía de una asignatura que me ofreciera el espacio para poder expresar lo que sentía, que le pusiera nombre a mis sentimientos y me hiciera preguntas que cultivaran mi reflexión, lo que eché mucho de menos y considero, como muchas personas, que debería ser una asignatura importante en la escuela, así como en una futura escuela para padres.

En casa tampoco se hablaba de estos temas, y las pocas cuestiones emocionales que habían sucedido en voz alta (porque había otras, pero en silencio) se solucionaban nuevamente con otro silencio inmutable. Como si comunicar sobre las emociones o lo que a uno no le gustara fuera tabú. Tabú que se propaga con ese mismo silencio y que pude conocer el día que empecé a hablar y puse a toda mi familia nerviosa.

De esta forma, aprendí a callar mis sentimientos y a reservarme en un mundo interior que construí para no sufrir. Ahí, sola, estaría tranquila; nada podría incomodarme y me sentiría relajada sin necesidad de controlarme.

Esta era la única estrategia que había aprendido ante mis emociones: escapar o encerrarme en mí misma. Escribir, escuchar música y esperar a que se me pasaran, sin ir más allá de la cuestión, actitud que, hasta mi temprana juventud, me funcionaba, pero llegó un día en el que ya no.

La creencia de que los enfados, o los celos, eran algo relativamente malo y, por tanto, un evento que evitar fue la primera idea fija que tuve que desmontar para deconstruir mis celos y comenzar a utilizar otra estrategia ante mis emociones.

Bajo mi panorama de desconocimiento sobre las emociones y los celos, yo solo los concebía por los efectos «negativos» (y superficiales), y mi única forma de gestionarlos era pretender no sentirlos, escapando de las situaciones que podían provocármelos o excusarme diciendo que sentía otra emoción en vez de celos, desaprovechando la información que podían aportarme. Pero, a la larga, en convivencia, debí enfrentarme a ellos, aceptarlos y dejar de verlos como negativos, y empezar a observarlos como un punto de partida para descubrirme y reconectar con la forma de amar con la que nací.

Desde esta nueva perspectiva, los celos estaban para servirme, para indagar en ellos y encontrar en las incomodidades y enfados que me provocaban un nuevo mundo de deseos que desconocía totalmente tener.

Gracias a estos celos, pude reconocer una cantidad de

pautas con las que vivía desde hacía muchos años sin darme cuenta de que estaban ahí, como el sentimiento de desamparo ante la vida, el miedo a perder a la persona amada, mis ganas de compartir experiencias diferentes a las que había aprendido de la monogamia, mi capacidad de compartir a gusto, y un largo etcétera. Y poder sanar las que debía sanar y disfrutar de las que debía disfrutar y no me había autorizado hasta esos días.

Durante los momentos más estresantes de este descubrir, donde de repente todo deja de tener el sentido que antes le daba a la vida (o al que estaba acostumbrada), he llegado a pensar: «¿Me estaré volviendo loca?», «¿Qué me sucede?», «Este mundo no tiene razón ninguna», etcétera. Hasta recuerdo haber dicho: «¡Lo dejo todo, quiero un novio normal!», y, al mismo tiempo, empezar a reírme a carcajadas, junto con los que estaban a mi alrededor, de aquella gran mentira. Así fue como aprendí que el humor puede con todo (o casi todo).

Neutralidad emocional y celos

Durante mis momentos de celos, sentía que perdía mi estabilidad emocional o, como me gusta decir, mi neutralidad.

De repente, yo dejaba de ser el centro de mi mundo para dárselo a otra persona, y lo que esta hiciera o dijera repercutía en mí sin medidas: acaparaba mis pensamientos, disparaba mis miedos y suposiciones sobre lo que debía hacer o no, perdía el enfoque hacia mis tareas, me estancaba en esa situación quizás durante todo un día o semanas. Muchas veces me sentí «mala» por sentir celos, consideraba que no era amorosa por sentirlos, y esto me daba vergüenza, al mismo tiempo que me enfurecía.

Por estas razones superficiales, y viendo las reacciones que muchas personas tienen durante un ataque de celos, creo que se ha instalado la idea de que los celos son malos o tóxicos, o que alguien que siente celos tiene una patología, ya que con sus actitudes activa desconfianzas, controles que generan situaciones desagradables que acaban dañando una relación, sobre todo, cuando los miembros de la pareja no saben afrontar dichas reacciones.

Lo tóxico, diría yo, es no saber qué hacer con lo que uno siente y atragantárselo hasta que se pudre, cuando, en realidad, lo que quizá necesita es expresarlo o exponerlo a la luz para abordarlo. Lo tóxico son los no dichos, el tabú, las interpretaciones, el miedo a comunicar, el miedo al enfado, el hacer que no pasó nada y seguir adelante cuando sí ha pasado algo. Esto es para mí lo tóxico. Tóxico es darme cuenta de que no debo seguir viendo a una persona, pero elijo seguir viéndola por vicio, por creer que en un futuro cambiará y no cambiar yo mis expectativas tóxicas con esa persona. Tóxico es pedir peras al olmo sabiendo que es un olmo, porque, si no lo sabes, no puedes culparte, pero, si lo ves y sigues reclamando peras, pues...

La neutralidad emocional es el momento en el que vivo como si no tuviera emoción. Estoy presente en lo que disfruto, y cada emoción que vivo es gestionada durando el tiempo que tiene que durar y no más.

Los celos, un complejo emocional

Cada situación de celos que viví podía resumirla en cuatro emociones básicas, combinadas y derivadas:

- Enfado-tristeza.
- Miedo-deseo.
- Desilusión-ilusiones (derivada en tristeza y motivada por deseo).
- Rabia-furia (derivada en enfado y motivada por deseo).

Simultáneamente a estas emociones, vivía sentimientos o sensaciones en mi cuerpo y diversos pensamientos como un combo.

Observar mis pensamientos me permitía entender con qué filtros miraba yo una situación, qué creencias me limitaban o moldeaban, qué ideas fijas aprendidas activaban mis celos y, por último, qué deseaba y qué no deseaba. Podía ir diferenciando mi Sofía cultural de mi Sofía tal como he nacido.

Las ideas fijas eran afirmaciones con las que yo defendía mis convicciones y proyectaba, a su vez, en los demás, como por ejemplo: «Así debe ser la vida», «Así son las relaciones», «Un amigo se debe comportar así...», «Una pareja hace esto», «Una pareja no hace esto», etcétera. Algunas de estas afirmaciones eran parte de mi ser, y otras eran aprendidas.

Finalmente, lo que más me gustó descubrir de mis celos fue que, a través de ellos, yo podía encontrar nuevos placeres que nunca antes me había planteado tener.

En reiteradas ocasiones, trabajando mis celos me he dado cuenta de que, detrás del evento que me los provocaba, en el fondo, muy en el fondo, en realidad, había una fuente de placer y, por consiguiente, una profunda vergüenza y un rechazo a sentir dicho placer.

Esto me recuerda al siguiente ejemplo: «Sara se enfada porque su cuñada siempre usa minifaldas en las cenas familiares (y detrás de esta afirmación se puede oír un "Yo no lo hago y ¡me muero de ganas!")».

¿Qué placeres eran estos?

Placeres que yo no podía reconocer porque me sentía sucia por tenerlos.

Placeres que yo no quería sentir en mi cuerpo y mucho menos podía asumir.

Placeres que me daba vergüenza demostrar que tenía.

Placeres que no había normalizado o que había aprendido que una chica buena no debía tener.

Placeres totalmente inconscientes.

En muchos casos, representó una lucha interna entre no querer sentir el placer de mi cuerpo y constreñirme, y autorizarme a sentirlo sin invasión de mi mente. Sin pensar, solo conectando con las sensaciones de mi cuerpo, un cuerpo animal, sin educación, sin cultura, aunque limitado por esta.

La lucha entre la sexualidad de la Sofía natural vs. la Sofía que había aprendido que ciertas cosas, como ver a un amante besarse con otra persona, no se hacían y que, por lo tanto, debía sentirse «sucia» por disfrutar de lo no debido, por aceptar y amar situaciones que se suponía que no debía amar, sino que debían ponerla celosa. Por querer ser correcta y complacer, acepté el juego dual de los adultos, cuando, en realidad, yo desde niña ya sentía mi amor expresarse de diferentes maneras con cada persona, sin desear poseerlas, sin esperarlas, sin necesitar saber ni siquiera dónde estaban o qué hacían.

Celos y placer

Él se adelanta porque tiene la llave a mano, abre la puerta y, por alguna razón que desconozco, yo ya sabía que lo que va a suceder sucedería. La puerta no se abre sola, como de costumbre, y el tiempo que tardamos en entrar a casa no es el habitual. ¡Zas! Está mi amiga del otro lado con los cascos y no nos oye llegar.

Él, que está delante de mí, se sorprende, avanza y le da un pico en la boca, y yo, ávida en detectar cuándo un cuerpo goza, aterrizo mis ojos en aquel delicado encuentro de su boca tierna.

Aquel detalle me había agredido. Superficialmente, era un celo, pero, indagando en él, se trataba de un disgusto. Un disgusto por experimentar corporalmente un placer *voyeur* que me hacía sentir sucia por tenerlo y sucia por sentirlo.

Y qué decir de las vergüenzas que sentía... Hubo un tiempo en que todo, absolutamente todo cuanto me gustaba, era objeto de vergüenzas: bailar, hablar en público, reconocer mis gustos, dar mi punto de vista, que me vieran disfrutar, etcétera.

Fue observando dichas vergüenzas como me di cuenta de que había dos formas en las que yo podía vivir un placer: una era vivir el placer consciente, un placer que reconozco; por lo tanto, disfruto y me autorizo a vivir sin culpas. Y otra, vivir un placer inconsciente, aquel que desconozco tener;

por lo tanto, lo evito o, cuando lo vivo, no lo disfruto al 100 %, pues la experiencia está teñida de otras sensaciones, como culpabilidad, disgusto, arrepentimiento, preocupación, frustración o rechazo a algo sin saber por qué o a qué exactamente, como en el ejemplo del beso.

Sentir y reconocer mi forma natural de disfrutar, sin estar alterada por mis propios conceptos culturales sobre mí y mi comportamiento, fue otro peldaño en el camino de empoderarme de mi cuerpo, de mis sensaciones y de cómo elegía reaccionar cuando sucedían escenas de celos o disgusto como esta.

Placeres emocionales que me dio pavor reconocer

Cuando vuelvo a caer en una situación emocional que viví anteriormente y no salgo de ahí, es decir, que, además de repetirla, me mantengo en ella, es porque estoy queriendo estar ahí; en otras palabras, estoy eligiendo sentir el placer por sentir emociones.

Si ya lo viví, si ya aprendí de la experiencia y no la supero, es que estoy eligiendo volver a repetir un sufrimiento o patrón por el mero placer de sentir las emociones y vivencias que dicho patrón me despierta. Cuando esto no lo hago conscientemente, lo llamo un «vicio» (un placer que desconozco tener). Un placer por sentir emociones, una especie de comodidad a la que estaba acostumbrada. Estos placeres por emociones podían ser el placer por sentir el drama, placer por sentir la tristeza, placer por sentir la frustración o placer por sentir miedo. Incluso generaba la situación o sucesos para poder sentir dichos placeres (puede verse esto en las relaciones tóxicas, cuando se repiten situaciones que ya has vivido y sabes que te provocan daño, pero continúas provocándolas o manteniéndote en dicha relación). O es más fácil verlas en amigos u otras personas.

Con los celos era igual. Una vez que había trabajado y deconstruido mis celos relacionados con un evento concreto y habían dejado de afectarme, si un día «caía» en ellos nuevamente por el mismo evento, no eran celos, sino un placer por sentir un drama.

Ya no había más que trabajar, se trataba solo de elegir pasar o disfrutar, elegir cortar con mi círculo vicioso por sentir dichos placeres emocionales.

Deduzco por esta razón que a muchas personas les cuesta superar ciertos celos, no porque no tengan la capacidad de amar o disfrutar de aquello que celan, sino por activar este placer o vicio al drama.

Celos y admiración

Me di cuenta de que, al admirar alguna cualidad de alguien, sea la manera de ser, un talento o una capacidad, he podido sentir la admiración brotar por los poros de mi piel. Siempre sentí una profunda inclinación por animar las virtudes de los demás, desconociendo totalmente que lo que veía en ellos también era a mí misma, y mi capacidad de admirar. Con el descubrir de mi proceso emocional, reconocí también que los celos podían estar allí, ¿por qué no?

Al fin y al cabo, esos celos, en forma de pseudoenfados, me indicaban que aquello que veía en la otra persona tenía que ver con un poder en mí que yo no estaba activando. Como un espejo, podía ver en los demás una cualidad de mí que yo desconocía o no estaba utilizando como me gustaría.

Los celos me permitieron descubrirla y ponerme manos a la obra para desarrollarla.

Algunos llaman a esto «envidia», y, si los celos tienen mala fama, la envidia directamente está casi censurada; tal es así que algunos la bautizan «envidia sana» cuando la sienten, o muchos se quejan de sufrir la «envidia ajena» sin reconocerla en ellos mismos.

Nuevamente, la envidia no es mala o buena, sino lo que elijo hacer con ella cuando la siento.

Los celos y dependencias emocionales

Autonomía y dependencias son dos actitudes que también he trabajado gracias a mi experiencia en convivencia.

Una actitud víctima durante cualquier suceso en mis relaciones me indicaba que yo no estaba actuando como un ser autónomo ante lo que recibía del exterior, sino que enseguida estaba reaccionando, enfadándome o echando la culpa a otros, en vez de simplemente sentir y hacerme preguntas, es decir, responsabilizarme de mi parte en los hechos.

Me gusta decir que hay dependencias emocionales orgánicas y dependencias emocionales tóxicas. Que yo sea una persona autónoma no quiere decir que no me influyan las actitudes de las personas que amo, pues ellas me importan, y lo que hagan incide en mí de alguna manera. Me harán reír, me indignarán, me servirán de ejemplo o me enfadarán. La diferencia entre ser autónomo y dependiente tóxico radica en permitir que aquello que me provocan no se estanque en mí; es decir, me pregunto: ¿por qué siento lo que siento? ¿Qué tiene que ver conmigo lo que el otro hace y qué no? ¿Cuál es mi responsabilidad y cuál no? O ¿cuál es la decisión adecuada que necesito tomar en un determinado momento sin buscar cambiar a la otra persona?

Solo me vuelvo tóxica de mí misma cuando utilizo las decisiones de los demás para machacarme y alimentar a mi víctima interna, o cuando lucho por cambiar algo que no está en mi poder o responsabilidad. Desde esta nueva perspectiva, ya no busco evitar enfadarme o indignarme por lo que elija hacer alguien que amo, sino entender sus motivaciones y expresarle cómo me siento con lo que sucede, si lo necesito, o bien redirigir mi comportamiento.

Voy con un ejemplo que ayude a representarlo:

Si mi pareja me pedía atención mientras yo quería hacer otra cosa, le echaba la culpa por distraerme, por no darse cuenta de que yo estaba trabajando y, por lo tanto, por no deducir que no debía hablarme, ni siquiera susurrarme, en ese momento.

Yo dependía de que él adivinara mis necesidades y actuara según mi criterio; de lo contrario, empezaba un bucle de victimismo con pensamientos como: «Me siento agobiada»; «No puedo con esto»; «Necesito soledad para trabajar»; «Pero cómo no se da cuenta»; «Lo hace a propósito»; «Si sabe que…»; «No me entiende»; «Me voy a ir…».

Y minutos después, pensaba: «Qué mala soy»; «Solo era una pregunta, ¿por qué reaccioné así?»; «Al final no era para tanto», «Qué me costaba decirle que esperara»; «Me siento culpable», etcétera.

Posicionada desde mi autonomía emocional, cuando alguien me interrumpe, simplemente puedo responder a lo que me pide, o bien pedirle que espere un momento. No estoy esperando que adivine, se ponga en mi lugar o me lea la mente, de esta forma, todo se vuelve más sencillo.

Bajo mi perspectiva de dependencia emocional tóxica, basaba mi bienestar en si la otra persona me daba lo que yo consideraba que debía darme, fuera esto correcto o no para mí. Por un lado, yo esperaba que me entendieran a mí sin yo ni siquiera entenderme, y, por otro lado, no me ponía en la piel del otro para saber si él era capaz de darme lo que yo le requería, si deseaba dármelo o si tenía por qué dármelo, como un niño que espera ser entendido por los adultos.

A veces, se dice que uno siente celos porque depende emocionalmente de alguien, y parece que depender puede ser negativo en un mundo que tiende a enaltecer como un valor positivo la independencia del individuo (creencias como que yo sola puedo con todo, debo ser especial para alguien o que solo me deben mirar a mí, por citar algunos ejemplos), pero, curiosamente, es este individualismo mal enfocado el causante de muchos enfados y frustraciones derivadas en celos. Yo no era más o menos autónoma por sentir celos, pero sí lo era si elegía trabajar dichos celos y observar cómo reaccionaba, en vez de mantenerme en una actitud pasiva esperando que el otro o el contexto cambiara para yo no sentir un disgusto. Sobre todo, en mi caso, pues había elegido el poliamor y estaba abierta a dejarnos expresar los sentimientos libremente.

Conseguir mi autonomía emocional fue uno de los resultados finales de mi experiencia en convivencia. El resultado de un proceso que significó pasar de mi etapa adolescente a mi etapa como ser humano adulto. Pero adulto de verdad, no la idea que yo me hacía de ser adulta, alguien que no parece disfrutar mucho de la vida.

Celos y enamoramiento

Trabajar mis emociones y celos fue, además, observar y comprender mi forma de enamorarme. Trabajando mi enamoramiento, podía entender por qué me había sentido atraída por alguien y qué esperaba vivir yo con esa persona o con una posible relación con esta.

Esto me permitía desapegarme de la situación para vivirla con menos intensidad, o con la intensidad que fuera, pero sin dejarme arrastrar por el torbellino de desconcentración y necesidad de contacto intenso que un enamoramiento me provoca.

Trabajar mi enamoramiento significó observar las ilusiones que me despertaba una persona nueva, pasando de un enamoramiento de proyecciones a un enamoramiento más adulto, es decir, consciente de lo que está sintiendo y por qué.

Esto, a su vez, me permitió vivir con mayor tranquilidad y disfrute los encuentros con la persona de la que me enamoraba, sin descuidar mis otras relaciones e incluso manteniéndome abierta a sentir nuevos enamoramientos. Con el tiempo, además, me permitió descubrir que podía sentir diferentes tipos de enamoramientos según la persona con la que interactuaba. Así, los hubo algunos más fríos, otros cariñosos, dulces o salvajes, pasando por cálidos, juguetones o suaves, entre otros. No hay dos personas iguales, como no hay dos interacciones o parejas iguales.

Me di cuenta de que los celos eran más frecuentes cuanto más deseaba a alguien (o más enamorada estaba), por el miedo a que esa persona dejara de elegirme algún día a mí para elegir a otra. Sin embargo, fue trabajar dicho enamoramiento lo que me permitió darme cuenta, primero, de que sentía este miedo; segundo, de que se alimentaba de una creencia cultural basada en el amor exclusivo, y tercero, que esta creencia no era real ni parte de mí, es decir, no la necesitaba. De esta manera, pude superar drásticamente estos celos derivados del miedo, todo en simultáneo.

«¡Los celos demuestran que entonces te ama!».

Esta frase me recuerda una anécdota. Una chica se morreaba con otro chico en frente de su novio en la discoteca para ver si así conseguía ponerlo celoso. Su pareja no se inmutaba, más bien sonreía ante el juego de su novia, y ella acabó enfureciéndose con su novio por no hacerle caso.

Entre todas las razones por las que ella se enfadaba, por enrevesado que pueda sonar, estaban los celos de ella hacia su pareja. Ella tenía celos de su novio porque él no tenía celos, deseaba ser libre, como él, de esa actitud. En pocas palabras, ella tenía celos de no tener celos.

Celos e ideas fijas de posesión

El sentido de relación con el que nací lo he impregnado de ideales culturales sobre un modelo relacional (monogamia) que en muchos aspectos se contraponía a mi forma de amar, y, llegada mi adolescencia, yo era una bomba de ambigüedades.

Desde temprana edad, deseaba descubrir los cuerpos de los hombres, jugar, sentir y vivirlo como algo puro, natural y hermoso, pero muy poco hubo de eso, dado que me corté de vivir muchas experiencias por miedo a ir hacia lo que deseaba realmente y por no saber gestionar las consecuencias sociales de mis deseos.

Muchas veces, por miedo, me comportaba indiferente con alguien, cuando, en realidad, por dentro ardía de deseo. A todo esto, sentía vergüenzas y culpas, al mismo tiempo que veía que naturalmente me gustaban más de dos o tres personas a la vez.

En mi adolescencia, aunque tenía muchos frentes amorosos abiertos, cuando fui correspondida en un enamoramiento cariñoso, establecimos una relación monógama tradicional sin habérnoslo cuestionado; a ese tiempo, el poliamor no era una opción, como hoy en día, y yo ya estaba tan confundida que me dejé llevar por los sucesos en vez de cuestionármelos.

Fue una relación sana y bonita, pero, al final de la pasión del enamoramiento, yo sentía deseos de explorar; él, también, y lo dejamos porque era lo que se hacía.

No habíamos sido educados para añadir personas o experiencias a la relación, sino más bien para quitar y empezar algo nuevo cuando la cosa no funciona como algo exclusivo, lo que a su vez fomenta el miedo cultural de perder a quien uno ama, cultivando el deseo por poseer, en una especie de rueda que se retroalimenta.

La educación en la diversidad, en el cuestionamiento de los hechos e ideas culturales, me habría aportado visión al respecto y me habría ayudado a posicionarme de otra forma cuando sentía deseo, a poder comunicarlo, a buscar otras vías creativas dentro de nuestra relación y a no juzgarme por dichos deseos plurales.

El deseo de poseer exclusivamente alimenta el miedo a perder a la persona amada, un miedo que existe cuando se aprende a crear relaciones de exclusividad, cuando se ve que las personas del entorno un día dejan de elegirse y hasta parece que son exterminadas del mapa por ello; de repente, no son más invitadas a comer a casa; de repente, no cumplen años; de repente, ya no solo no tienen pareja, sino que dejan de pertenecer a un grupo humano (léase «familia» o «amigos»).

Por otro lado, y yendo más profundo, observar mis ideas fijas de posesión durante mi relación abierta me mostraba que yo no era aún capaz de percibir el amor incondicional de Jean-François, que él no se iba a ir de mí si yo no quería y que estaba olvidando nuestra unión basada en el entendimiento y la complicidad, que el cariño no excluye, suma a lo que hay.

En esos momentos, recuerdo que yo temblaba y rechazaba fuertemente que él fuera a quedar con otra amiga, a pesar de que lo autorizaba, que me daba placer y que, en lo profundo de mí, era un «sí» rotundo y consistente.

La desazón de esos momentos era la parte superficial del proceso interior de reeducación de mis creencias, temblores por los que tuve que pasar para sanarme y volver a amarme sin condición.

Durante aquellos momentos, yo lloraba como una niña, temblaba, comunicaba a Jean-François lo que me sucedía. Escribía y escribía sin parar lo que estaba sintiendo, me observaba, dormía y amanecía como nueva.

¿Qué pautas emocionales se activaban cuando sentía celos derivados del sentimiento de posesión?

- Miedo a perder a la otra persona.
- Miedo a perder mi *statu quo*.
- Pánico de perder a la persona amada.
- Desamparo ante no saber qué hacer.
- Deseos de cambiar lo que sucedía o evitar la situación.

- Sentimiento de traición.
- Duelo. Sentirme dolida por tomarme como personal lo que el otro hiciera.
- Duelo ante una ilusión del amor romántico que se ve eliminada.
- Deseo de venganza en represalia al dolor causado por el otro.
- Desilusión cuando los hechos no eran tal y como yo esperaba.
- Rabia de enfadarme por tener celos.
- Autoestima por el suelo.
- Comparaciones físicas o de personalidad que utilizaba en contra de mí en vez de nutrirme de ellas.

Celos y caprichos

Otro concepto que me gustaría mencionar es el «capricho». Algo esperable en la edad infantil, pero no en la edad adulta.

Cuando el capricho se inmiscuía con mis ideas fijas (deseos fijos), yo tenía lo que llamo las «ideas inamovibles» (deseos inamovibles), y en ese momento no había trabajo que valiera para quitarlos de mí, a menos que eligiera rendirme y soltarlos, es decir, soltar mi orgullo negativo. No había otra fórmula. En ese momento de soltar, sentía que por fin se disolvía un dilemón dentro de mí, liberándome de constricciones musculares. Todo en mí se relajaba, estaba soltando la tensión del «No quiero eso, ñaña», propia de los caprichos.

Podía sentir la frustración por no obtener lo que quería,

como una niña pequeña, pero este era solo un momento incómodo o desagradable que a la larga me traería algo superior para mi vida.

El capricho no concedido iba destruyendo mis ideas fijas (y deseos educados), enseñándome que podía vivir sin desearlas, hasta el punto de darme cuenta de que no las necesitaba y no significaban algo realmente importante para mí, más bien todo lo contrario.

Aprender a amar lo que creía que no amaba o conformarme con lo que había, sin dudas, fue otro gran paso para madurar emocionalmente, superar mis caprichos y los celos derivados de ellos.

Entendí que es importante no consentir los caprichos de alguien celoso; de lo contrario, no le estoy ayudando a gestionar completamente su frustración y ejercitar su autonomía frente a la vida. Consentir los caprichos es alimentar un comportamiento que en el fondo no le hará feliz y que repetirá cada vez que suceda lo mismo que los activa.

¿Los celos son negativos o tóxicos?

Para mí, los celos no son tóxicos o negativos, pero pueden tener un aspecto tóxico según cómo se gestionen, y esto dependerá de cada persona.

Tras haber pasado por momentos desagradables ocasionados por los celos, hemos podido aprender que estos son negativos o tóxicos y, por lo tanto, algo que se debe evitar o controlar, en lugar de utilizarlos como puntos de partida para comprender el trasfondo de lo que le está sucediendo a una persona.

Desde mi experiencia personal, reconocer que podía sentir celos y, al mismo tiempo, desear convivir en poliamor me suponía una contradicción que me costó mucho reconocer.

¿Cómo podía pretender amar todo y sentir celos al mismo tiempo? No lo veía lógico. Pensaba que, desde el momento en que necesitaba gestionar una emoción, había algo que no estaba amando y, por lo tanto, no podía considerarme poliamorosa o amante incondicional.

En este contexto, yo afirmaba que lo que sentía no eran celos, sino cualquier otra emoción, como indignación, tristeza, disgusto o enfado, como excusa para eximirme de mis celos.

Cuando fui entendiendo que lo que había detrás de mis celos era más complejo que un disgusto o reacciones superficiales, empecé a verlos con otros ojos. Ya no eran malos o tóxicos, sino un comportamiento en un contexto, con sus causas y consecuencias, que me ofrecía la oportunidad de trabajarme y superarlos (momento «científica de la emoción»).

Por último, comencé a no sentirme atacada porque alguien me tuviera celos o se comportara «raro» conmigo debido a esta emoción; había aprendido a no hacerme responsable de la gestión de la emoción ajena y a respetar los procesos de los demás.

Celos y culpabilidad

Encontré dos formas de vivir la culpabilidad… La primera, la culpabilidad de sentir celos con la persona que amaba, y, la segunda, verme expresarle mis celos a la persona amada con la esperanza de que dejara de hacer aquello que me los provocaba, es decir, intentar culpabilizar a la otra persona esperando que así cambiara de actitud, cosa que con Jean-François es chistosa, cuanto menos ridícula, puesto que él pilla al instante mis intenciones y es inmanipulable, hecho que lo hace triplemente atractivo.

Cuando fui consciente de mis celos durante mi experiencia, me sentí culpable de reconocerme como celosa, ya que no veía en los celos una forma de amar, además de que los consideraba malos, algo que yo no quería ser ni hacer. Para mí, celar no era amar, y, por lo tanto, me sentía culpable de no estar amando algo de alguien en ese momento. Si bien mis celos se han basado en deseos reprimidos o en tristeza y desilusión, nunca han sido un motor para intentar dañar a la otra persona.

Una vez, intenté vengarme de Jean-François porque me sentía traicionada y puse en venta la bicicleta que me había regalado. No llevaba ni dos horas en Wallapop, pero una amiga del grupo tuvo tiempo suficiente para verla y contárselo.

No la iba a vender, pero el hecho de poder hacerlo me hizo sentir poderosa, liberar la tensión de mi enfado y observar mi lado vengativo a lo novela latina, pero también sentirme culpable por haber despreciado algo valioso que me había regalado con amor y cariño, y poder, en el fondo, dañar a quien amo solo por un momento de celos.

Esta anécdota nos hace reír, y hoy llevo un timbre que él mismo me regaló días después que dice: «I love my bike».

Resumiendo, la culpabilidad podía surgir por varias razones:

- Por el deseo de no ser una persona celosa.
- Por la calidad de los pensamientos que he podido tener durante un episodio de celos; me sentía mala, defectuosa o fea por pensar así.

- Por reconocer que no estaba amando algo, y eso, en el fondo, me enfurecía y no me gustaba (lo que, a su vez, me daba la fuerza para revertirlo).
- Por rechazar a la persona que amo durante un celo deseando que no me tocara o abrazara.
- Por reprocharle o responsabilizarlo de mi emoción, en vez de hacerme cargo de ella.

Dejar de pretender no tener celos

Aceptar mis celos me ayudó a actuar de otra forma

Esta fue la primera actitud para liberarme de ellos. Al principio, no quería aceptar la idea de ser una persona celosa, hasta que cogí valor y, en un acto de madurez emocional, dije: «Sí, siento celos de...». Y no pasó nada, no se cayó el cielo, no se murió nadie, y mi cuerpo se relajó profundamente.

En vez de intentar controlar mis celos, empecé a traducir sus significados.

Comencé escribiendo todo en una libreta; luego, fui haciéndolo en mi mente, hasta que, poco a poco, el tiempo que necesitaba para realizar dicho trabajo se fue reduciendo, y los momentos de sufrir celos o gestionar una emoción eran cada vez menos intensos o duraban menos tiempo.

Mis deseos de controlar se iban reduciendo, y podía mantener el enfoque y dedicación hacia mi trabajo, y lo que significó un salto trascendental: comenzar a enamorarme de otras personas y pasar tiempo con ellas.

En los inicios de mi relación con Jean-François, había tenido otros enamoramientos, pero fue en Barcelona, durante la convivencia, cuando me sentía en alerta constantemente y me costaba separarme de él por miedo a perderlo, y luego por la necesidad de recuperar mucho contacto y cariño de alta calidad que no había tenido antes en mi vida.

Fue al final de deconstruir mis celos (miedos de perderle y recuperar el amor en mí) cuando me permití volver a tener otras relaciones afectivas o sexuales con otros hombres y disfrutar[1], nunca mejor dicho, de los frutos de mi trabajo personal.

Muchas veces me preguntan: «¿Se puede dejar de sentir celos?»

A lo que suelo responder: los celos se pueden superar, se pueden entender y bajar el dramatismo con que se viven. También se puede sentir un celo nuevo algún día como señal de un nuevo evento a naturalizar, pero todo lo que se pueda conseguir dependerá de la forma de amar de la persona y del tipo de celo en cuestión.

Por ejemplo, si estamos hablando de una persona monógama que siente celos de ver a su pareja con otra persona, no deberíamos llamar a esto «celos», sino más bien «sentimiento de traición», «desilusión» o «deseo de que eso no ocurra». Nunca será posible que supere sus celos, ya que se está enfrentando ante una realidad que no contempla su formato relacional, más bien la rechaza, por lo tanto, está destinado a dichos celos. O bien demuestre que es un polia-

---

1 La palabra *disfrutar* viene del latín, compuesta por el prefijo *dis-* («separación o repartición por múltiples vías»; también, «intensificación», como aquí) y *fructus* («fruto»). Es decir, significa «sacar la fruta» o «gozar del producto de algo», y *fruto* metaforiza el resultado de algún trabajo o alguna inversión.

moroso encubierto, cuando, después de que suceda la traición o desilusión, sienta que no es para tanto y pueda amar ese nuevo evento dentro de su relación.

Otro tema son los celos infundados, en forma de paranoia y control, que se sustentan por miedos o vicios, donde, si no hay una voluntad real por sanar dichas elecciones, es muy difícil que la persona los supere.

En muchos casos he podido observar que los celos son, en realidad, reclamos de atención y cariño que podían revertirse dando mucho abrazo y comprensión a la persona, sin buscar cambiarla y sin ceder por ello a tu forma de amar, hasta que poco a poco se fueran sanando.

Para conseguirlo, es más recomendable preguntarnos: ¿de qué estoy sintiendo celos ahora? ¿Cuál es el patrón que sanar? ¿Cómo reacciono a partir de lo que estoy sintiendo? ¿Cómo me gustaría reaccionar? Decir «los celos» es abarcar un concepto abstracto y variable para cada persona y su proceso, es por eso por lo que es mejor contextualizarlos y hacer preguntas más específicas que puedan aportarle a uno direcciones concretas que puede aplicar hoy.

Desde mi experiencia, se puede dejar de sentir celos, empezando por hacerlo en determinados contextos y con determinadas personas, hasta conseguir neutralizar las reacciones de estos y, finalmente, no sentirlos. Otras veces, se puede sentir el celo subir y dejarlo bajar al instante.

Por otro lado, me he dado cuenta de que los celos los he sentido cuando no estaba conectada con mi poder, con mi autonomía emocional o mi humildad. Sino que estaba buscando fuera una aprobación o un orgullo mío, cultural, que estaba activado (algunos lo llaman «ego»). Estas situaciones, a su vez, me permitían darme cuenta de que estaba desconectada de mi poder, desviada de mi centro, de mi autoamor y confianza, situación que, al mismo tiempo, me permitía «volver a mí» y sanar dichos momentos desagradables etiquetados como «celos».

No me atrevo a decir que nunca más llegaré a sentir nuevos celos en el contexto de parejas, así sea solo un instante en mi barriga, un miedo en forma de alarma o una señal de un deseo que quiero cumplir.

Mejor no dejar al orgullo creerse que ¡ya está! Es la peor trampa confiarse y es recomendable estar alerta de uno mismo, para no volver a tropezar con la misma piedra. Aunque, después de todo, no me importaría sentir celos ahora que sé cómo gestionarlos, ahora que son *inputs* efímeros.

Otra cuestión que observé durante el proceso fue lo que bauticé como los «niveles de vivencia de mis celos», es decir, mi manera de reaccionar cuando tenía celos podía variar.

Por ejemplo, al principio de mi relación abierta, cuando me quedaba sola por la noche, podía sucederme que me costara ir a dormir o prácticamente no durmiera. Y por la mañana, al reencontrarme con Jean-François, había días que era como si nada hubiera pasado; otros días, sentía en mí una mezcla de vergüenzas, sensaciones de traición y, al mismo tiempo, deseos y curiosidades. Hasta que un día la sensación de traición se fue, y quedaron las vergüenzas. Hasta que un día se fueron las vergüenzas, y quedó la curiosidad. Es por esto por lo que lo llamo «niveles de vivencias», porque no es una emoción o un sentimiento en un momento, sino varias emociones y sentimientos simultáneos en un momento dado.

Por otro lado, a medida que fui normalizando las nuevas pautas de convivencia que me planteaba el poliamor, como compartir un cuerpo, he conseguido no sentir celos en estas situaciones, así como aprender a estar sola, dormir sola o recibir a mi pareja con cariño y empatía después de una cita, por ejemplo. Al mismo tiempo que disfrutaba de esto como una especie de logro personal, hasta el día que me liberé por completo.

En muchas ocasiones, mis celos eran celos de proyección, es decir, yo me enfadaba porque no salía o quedaba con otros chicos mientras Jean-François era solicitado. Tuve que volver a sentirme deseable y consumible, bella en mi cuerpo como es y en mi persona, capaz de ir a una cita gestionando mis vergüenzas y, también, capaz de asumir en persona los efectos y las expectativas al decir que era poliamorosa.

Finalmente, cuando había llegado al último estadio de mi proceso y reconectado con mi forma de amar natural tal como nací, he vuelto a sentir lo que es crear relaciones íntimas sin etiquetas sociales y cómo, a partir de aquí, no existen expectativas de rol y, por lo tanto, no hay celos o tabú. Solo se vive la experiencia del cariño, la libertad y el respeto. Se vive y experimenta, en lo cotidiano, lo que hay realmente en una relación entre dos personas o más, sin necesidad de enamoramiento o ilusiones.

¿Qué había detrás de mis enfados o tristezas cuando sentía celos?

Cuando sentía celos, detrás de mis enfados o tristezas podían subyacer distintas ideas o emociones; por ejemplo, las siguientes:

- Desilusión: resultado de haberme hecho ideas con alguien o sobre cómo debía ser una relación, basándome en mis creencias aprendidas sobre el amor exclusivo y que no podían ser.

- Cualidades de mí que veía fuera y no sabía que yo también podía tenerlas. Las echaba de menos y sentía dolor.
- Tener deseos y no llevarlos a cabo.
- Desear lo que no deseaba y luchar, ir en contra de mi propia corriente.
- No entender con profundidad lo que me sucedía.
- No conocerme lo suficiente como para valorarme.
- No conocer mis poderes.
- No estar expresando mi vocación al 100 %.
- No vivir mi autonomía natural.

Perder el miedo a sufrir y aprender a hacerlo elegantemente

Desmontar los celos, como todo trabajo emocional, me exigió en mayor o menor medida una cuota de estrés o sufrimiento. A este sufrir yo lo llamé «ir a la emoción». Se trataba de atravesar lo que sentía para poder describirlo con palabras y visualizar con distancia todo lo que me ocurría. Era mi forma de tomar consciencia, es decir, mi forma de ver algo de mí que antes no había visto, pero que ahí estaba.

La clave la encontré en aprender a sentir ese sufrir de una manera elegante, es decir, de una manera constructiva. En esos momentos de sufrir elegante, lo que yo hacía era ponerme a escribir, observar mis respuestas, estar sola o llorar la injusticia que sentía, o simplemente llorar para desahogarme de la presión. Otras veces, iba a los brazos de mi amor.

Utilizaba las inteligencias para aclarar mis pensamientos, amar mis emociones y autosanarme, lo que algunos llaman «inteligencia emocional».

Llorar y doler fue parte del proceso. En naturopatía se habla de crisis de curación cuando, al depurar el cuerpo, el cuadro parece empeorar, comparado con los inicios del tratamiento, hasta que se estabiliza y encuentra su nuevo equilibrio, sano y vital.

Así me sentía los primeros años de mi experimento: estaba en la gloria, iba mejorando mis tristezas, y un día, de repente, ¡zas!, un enfado, migrañas y todo un día de duelo, pero que, al día siguiente, me dejaban como el ave fénix, resurgida de entre las cenizas (léase «resurgida de entre mis sábanas»).

Los celos y el control (o deseo de controlar)

El control es una fuerza o habilidad que me permite recibir una información y dar otra información. Yo puedo tener diferentes intenciones al controlar o desear controlar una situación o a mí misma.

En el contexto de los celos, mi control surgía como una necesidad de saber lo que estaba pasando a mí alrededor, de tener la información pertinente que me asegurara que mi zona de confort no estaba siendo transgredida. Así como también necesitaba controlar mis impulsos y no reaccionar de alguna manera de la que luego me pudiera arrepentir, o, por último, para no sentir algún tipo de excitación cuando no asumía algún placer.

Mis ganas de controlar para saber lo que pasaba alrededor surgían inconscientemente, hasta que puse mi atención en ello y pude ver cómo lo hacía, y si lo que obtenía de ello me servía de algo o lo utilizaba para frustrarme y activar mi drama. Por ejemplo, querer saber a dónde iban las manos de mi pareja cuando estábamos con otras personas no era algo que pudiera evitar, estoy conectada a él, tengo infinitas curiosidades y de todo gozo, pero podía utilizar dicha información también para sentirme devastada.

Entonces, me di cuenta de que el control podía usarlo con diferentes intenciones:

- Controlar por curiosidad, por saber más de algo o alguien. En esos momentos, me preguntaba si esto era sano para mí, si lo necesitaba o si me obligaba a saber.
- Controlar para no sentir una excitación en mi cuerpo.
- Controlar la información para intentar evitar que sucediera aquello que no deseaba o actuar en consecuencia si sucedía, como si por saberlo hubiera podido remediar algo. Una especie de bombero en llamas esperando actuar, pero sin poder hacer nada realmente, porque, en el fondo, yo no iba a evitar el amor entre otros.

¿Cómo hice para gestionar mi control?

El control es uno de los primeros conceptos que he trabajado en los talleres de observación personal y gestión emocional. Al principio, me costaba asimilar que yo lo hacía, la palabra *control* también era una de las que tenían «mala fama» para mí.

El control era tan propio de mí que no me daba cuenta de cómo lo hacía. Luego descubrí que todos teníamos un tipo de control orgánico con el cual desenvolvernos y un tipo control aprendido o social, una manera en la que controlar nuestra naturalidad estando en grupo, proyectar una imagen, controlar nuestro aspecto animal, nuestros comportamientos, impulsos y emociones, y un largo etcétera, que se daba de manera consciente o inconsciente.

Para gestionar mi control, el primer paso, como siempre, fue aceptarlo, es decir, reconocerlo. El segundo paso fue observar cómo lo hacía, en qué momentos, con qué intenciones, qué obtenía de ello y qué no; entender que no era bueno o malo arbitrariamente, sino que de ello obtendría una experiencia u otra, una fuerza utilizada en un contexto y para algo —y que controlar era mucho más que el personaje cliché del novio controlador—.

Controlar mi cuerpo y expresión

Tras reconocer el control, empecé por observar mi forma de controlar mi cuerpo o mis impulsos cuando me excitaba. Muchas veces, a lo largo del día, me excitaba físicamente. Un ruido, una noticia, el sillín de mi bicicleta, un miedo, un *like* de alguien, una imagen, un cuerpo moverse, una idea o una mirada podían provocar excitaciones en mis zonas erógenas que antes no había sentido. «¿Dónde habían estado toda mi vida?», me pregunté. Me había controlado para no sentirlas, poco a poco, desde pequeña, elegí cortar mi sentir de mis zonas erógenas, salvo en actos sexuales propiamente dichos, por considerarme sucia o que eso no «estaba bien» para una niña.

Cuando fui recuperando dicha conexión con mi cuerpo, me di cuenta de cómo al excitarme por algo fuera de la norma me contraía muscularmente para no sentirlo, y el hecho de verme haciéndolo me permitió dejar de hacerlo y dejar de cortar la fluidez de mi cuerpo espontáneo.

Esto último lo noté, sobre todo, en los momentos en los que mi pareja besaba a otra chica o la abrazaba intensamente, y lo que superficialmente parecían celos se trataba, en realidad, de un choque de ideas y órdenes que deseaba controlar, al mismo tiempo que se descontrolaban.

Controlar información sobre lo que hace el otro

En este caso, utilizaba mi control para saber todo lo que estaba pasando a mi alrededor. Esto podía ser por curiosidad natural, por control orgánico o para conocer dónde estaba cada cosa en su momento, con la creencia de que por saberlo podría evitar que mi *statu quo* se modificara. Control aprendido, ¡como si fuera posible!

En esos momentos, yo estaba más enfocada en saber qué hacía la otra persona y sintiendo miedo de lo que podía pasar, en vez de estar centrada en mí misma y disfrutar del momento independientemente de lo que sucediera. No estaba tranquila, no era natural e intentaba modificar el curso de los hechos de alguna manera, con indirectas o con mi mera presencia.

Por ejemplo, quería estar en mi habitación, pero si Jean-François iba a la cocina y había más personas, yo iba a la cocina para ver qué sucedía, a pesar de no tener ganas, ¡un horror! O, si estábamos en grupo, yo no estaba disfrutando del momento, sino mirando qué hacía él o qué pasaba alrededor.

Lo que pasara estando yo ausente no era algo que activara mis ganas de controlar de esta manera, solo me sucedía cuando yo estaba presente, como si no quisiera dejar de ser el centro de atención (momento niña interior).

Por otro lado, con Jean-François todo lo sabía y ni hacía falta preguntárselo. Yo soy una persona de no preguntar, aprendí que preguntar era invadir la vida de las otras personas, y eso no debía hacerse. Y como a mí misma me daba vergüenza hablar de mis temas, no lo hacía con los demás. Pero me di cuenta de que me encanta que me cuenten, es una forma de compartir que me hace sentir cómplice o amiga de los demás, así como hoy estoy hablando de mi vida en este libro.

Antes de empezar mi trabajo emocional, muchas veces me enfadaba cuando me sentía controlada por los demás, cuando, en realidad, esto era porque yo misma me controlaba continuamente y no lo veía. No me gustaba sentir que querían saber más datos sobre lo que hacía o no, que me preguntaran sobre mi vida en general o sobre mis relaciones.

También me sucedía que me sentía controlada sin serlo cuando sentía deseos sexuales o había una conexión fuerte con alguien; por ejemplo, con un novio que tuve, él no hacía nada, pero yo me sentía controlada por el simple hecho de que merodeara a mi alrededor, y en esos momentos yo le reclamaba mi necesidad de espacio. Le pedía que me diera el espacio infinito que yo no me daba al controlar constantemente mis deseos.

Hoy, sentir ese tipo de control me hace sentir amada, conectada con la otra persona, o que la deseo sexualmente, sin por ello perder mi centro o mi espacio.

Intentar controlar el comportamiento del otro

Por último, existe el control para intentar que la persona actúe como yo quiero. Este tipo de control no lo he experimentado directamente porque siempre fui más de dejar al otro ser o hacer lo que sintiese, aunque pudiera dolerme, pero sí lo he visto en otros casos cuando comencé a comprender los celos.

Puede verse con los siguientes ejemplos:

- Sentir que quiero que deje de hacer eso, y entonces lo interrumpo.
- Le digo lo que tiene que hacer porque a mí me conviene.
- Opino si lo que hace está bien o mal.
- Intento que elija lo que yo creo que debe elegir.
- Doy órdenes en cuanto a lo que debe hacer sin importarme si es lo que el otro quiere o no.
- Me hago la indignada, herida o enfadada por lo que acaba de hacer, para que interprete que debe dejar de hacer eso.
- Preguntar qué hace o por qué con mucha frecuencia, con intención de ver si está o no en lo correcto. ¿Con qué frecuencia?

Unos buenos celos se pueden liberar con un muy buen humor. O «unos buenos celos se pueden liberar con unos buenos besos»

Desconocía el gran poder del humor. Creía que era un talento innato de ciertas personas, pero me he dado cuenta de que todos tenemos un humor propio.

En mí, era una vocecita en la cabeza que me contaba chistes que solo yo entendía y me reía —mejor no intentar explicárselo a otra persona—. A medida que fui practicándolo con mayor periodicidad, se hizo presente en mi día a día, como un arma letal para los momentos más estresantes o dramáticos de lo cotidiano, ya que me permitía ver las situaciones desde nuevas perspectivas, quitando un problema donde no lo había o encontrando soluciones desde mi creatividad.

Este humor es lo que me sucedía cuando observaba por encima una situación y descubría lo absurdo de lo que antes me parecía normal o dramático, y dejaba salir la risa. La risa destensaba mi cuerpo. La carcajada inminente por la que muchas veces me he tenido que retirar de espacios solemnes para respetar lo que allí sucedía. En el contexto de celos, el humor me ha permitido ver que muchos de mis dramas —fuertemente vividos en mi cuerpo— no eran para tanto e incluso, quizá, ni eran reales.

El humor lo he encontrado en momentos en los que me veía diciendo o pensando frases como: «Quiero un novio normal», o «No puedo con esto, no puedo», etcétera. Resumidamente, durante mis momentos de *drama queen* en su máxima expresión.

Por ejemplo, cuando mi padre vino a visitarme pocos meses después de que me mudara a Barcelona y de que hubiera enviado una carta a toda mi familia comentándoles mi interés por explorar el amor incondicional, entre otras cosas, fui acompañada de una amiga al hotel en el que se alojaba para encontrarme con él. Al llegar y saludarnos, me dice en voz baja y tono jocoso:

—Ella es tu amiga o…

—Es una amiga, papá, una amiga —le respondí mientras nos reíamos.

El dramatismo ante mi nueva forma de amar, que había chocado a mi familia al principio y que supuso una ruptura de creencias —es decir, pasar de observar «Sofía es monógama, chica buena y heterosexual» a «Sofía no se sabe ahora qué hace, pero no es lo que era»—, fue dejando de ser tal a medida que se aceptó lo nuevo, y el humor fue la evidencia que lo confirmaba.

La conclusión que no me esperaba

Tras abordar, punto por punto, la deconstrucción de los celos y llegar a la raíz de la cuestión, en una especie de salto cuántico como los que están de moda hoy en día, no me queda otra opción que afirmar que los celos no existen.

Los celos en sí etiquetan una serie de reacciones y actitudes que varían de acuerdo con el contexto y la persona, pero en sí mismos no existen. No son una emoción, son un complejo de muchas emociones y pautas basado en el enfado.

Un celo era para mí un indicador de una lucha entre deseos y creencias de cómo han de ser las relaciones, la vida o el comportamiento humano.

He identificado en mí dos tipos de celos: un celo cultural, basado en ideas aprendidas de mi sociedad, y un celo instintivo, que nacía cuando sentía que mi *statu quo* estaba en peligro y que, al mismo tiempo, me permitía normalizar nuevas pautas y crear un nuevo *statu quo* más acorde con mi forma de amar. Es un *input* de mi instinto de supervivencia que sucede en un instante, y no lo alimento con emociones o proyecciones, simplemente lo dejo vivir y ya está.

Cada humano es un cóctel de elecciones y deseos con los que ha venido al mundo, cada persona puede escribir su propia historia de amor y hacer un estriptis de sus celos. Para ello, propongo la guía y las preguntas que a mí me sirvieron y que cada uno puede utilizar como lo sienta mejor, o incluso con la práctica puede reformular a su manera.

Esta es solo mi versión, mi historia.

Poliamor

Poliamor, un punto de partida. Trabajando mis emociones y enamoramientos

¿Qué es para mí el poliamor?

Poliamor fue para mí la palabra que me conectó con mis preguntas internas sobre cómo quería yo relacionarme más allá de lo que había visto en las películas, no solo a nivel de relaciones de pareja, sino también con el resto de mis relaciones cotidianas.

Poliamor fue ponerme fuera de mi zona de confort y, desde allí, comenzar a observar cómo me enamoraba y qué creencias inculcadas salían a la superficie gracias a dichos enamoramientos.

Fue el proceso para volver a vivir y expresarme tal y como he nacido, comenzar a hacerme preguntas sobre cómo quiero vivir mis relaciones para dejar de vivirlas en piloto automático o abandonar lo que yo llamo «relaciones por inercia».

En esos momentos, no encontré un manual de usuario

de cómo llevar a cabo mi nueva forma de relacionarme, ni contaba con referentes mujeres a quienes acudir, y fue realmente con la práctica y la gestión emocional como pude descubrir qué era lo que yo quería realmente con el poliamor y cómo iba a poder emprenderlo. Hoy, percibir ese tipo de control me hace sentir amada, conectada con la otra persona, o que la deseo sexualmente, sin por ello perder mi centro o mi espacio.

Cuando yo empecé este proceso, lo que buscaba era entender y vivir en amor incondicional con otras personas. Quería relacionarme con la libertad de poder expresar mis sentimientos tal cual me nacían, de poder comunicar todo cuanto necesitaba, mis deseos, placeres, miedos, etcétera. Ser, sobre todo, 100 % honesta conmigo misma y con los demás, en la medida de lo posible. No siempre se puede serlo.

Así que, con todas mis dudas y ganas, me lancé a la piscina con mi experimento. No sabía lo que sería capaz de conseguir en él, si eran ideas de mi cabeza o de todo mi ser, cuáles eran mis límites, cómo lo iba a comunicar a mi familia, a mis amigos, a las personas que conocería después. Qué sería capaz de afrontar y qué no.

Mi utopía personal era vivir sin pareja y formar parejas con todas las personas que llegaran a mi vida, conviviendo en la misma casa o fuera de ella, compartiendo la vocación de hacerlo y trabajar las emociones que este nuevo formato de relación supusiera.

Mi utopía era que estas relaciones se dieran de manera natural y espontánea, es decir, asumiendo completamente las relaciones, comunicando los enfados o celos para superarlos. Sin embargo, en la práctica, comprobé y tuve que aceptar que no podía ser así en todos los casos y que cada persona tiene su propia idea o visión sobre lo que es el poliamor y cómo lo puede llevar a cabo.

Poliamor y gestión emocional

He visto que muchas veces las relaciones no monógamas no son diferentes a las relaciones monógamas a la hora de sentir emociones, de gestionar enamoramientos o de establecer contratos o acuerdos entre las partes.

Lo que las hace distintas es la autorización a la no exclusividad sexual-afectiva y, por tanto, el compartir nuevas complicidades. Lo que, a su vez, abre el terreno para la normalización de dicha no exclusividad, sobre todo, cuando se ha venido de parejas monógamas y al principio se han de deconstruir pautas como los celos.

Adentrarse en otros modelos relacionales que no sean los habituales supone para la mayoría de las personas, al menos hoy en día, una predisposición para gestionar las emociones que se generan por un choque de expectativas personales que luchan entre sí, muchas de ellas aprendidas o que forman parte de tabúes inconscientes.

Haciéndolo más sencillo, en nuestro interior ocurre un choque de deseos y creencias opuestas entre sí, que genera incongruencias en la psique de la persona, reflejándose en el exterior en forma de enfado, tensión o una tristeza, un celo o un drama; en pocas palabras, algo desagradable que nos llama la atención para tomar conciencia de ello.

Esto desagradable apunta otro algo que está en la profundidad, como hablando de capas, y que permite ser observado para sanarlo, es decir, trascender la incongruencia. Tiene que ser desagradable, si no, no lo notaría, no desearía cambiarlo o quitarlo. ¿Quién quiere deshacerse de su alegría?

«A veces duele más por no saber por qué duele que por lo que duele».

Desde mi experiencia personal, a esta gestión emocional tuve que agregarle la gestión del enamoramiento, un trabajo profundo de expectativas y espejos, hasta volver a ser consciente de que podía sentir mi enamoramiento por más de una persona a la vez.

Poliamor y límites

Cuando yo empecé en el poliamor, me lancé a la piscina, no quería límites, creía en la espontaneidad y en las no jerarquías o privilegios entre las personas que formaban mis relaciones.

Al principio, deseaba mi espacio, mi independencia, y no formar parejas. Me agobiaba tener que gestionar mis compromisos, tener que decir que no era una travesía; sentía que en pareja no hacía todo lo que quería y, por lo tanto, me sentía asfixiada.

Con la práctica, me di cuenta de que el concepto «jerarquía» sí existe, y negarlo era no aceptarlo o no entenderlo. Mi cuestión era observar qué sentido tenían las jerarquías para mí y cómo las utilizaría para crear un presente de mayor bien común entre mis relaciones.

Encontré dos tipos de jerarquías: una jerarquía cultural, que suele ser piramidal, lineal y fija en cualquier contexto, y una jerarquía orgánica, aquella que se va creando según las interacciones e intercambios motivados por los intereses de cada persona, dentro de mis amigos (o amigos con derecho) y en cada contexto.

A este concepto de «jerarquía» tuve que añadirle un nuevo aprendizaje: la organización efectiva de mi espacio y mi tiempo en mis relaciones y vida laboral, dado que tengo un solo cuerpo para todo, y muchas veces hay que decir que no y aprender a conformarse. El tiempo comenzó a cobrar otro sentido, y cada minuto que antes pasaba como si nada hoy vale su peso simbólico en pepitas de diamantes.

Cada relación es diferente y me aporta experiencias diferentes, y el tiempo que pase con cada ser humano tiene la misma calidad, pues mi forma de entregarme es la misma para cada momento de mi existencia.

A veces, se ve como un privilegio amoroso cuando una persona tiene más o menos disposición de tiempo y espacio para otra persona, pero, en mi vida personal, yo no lo veo, o no lo vivo, como un privilegio, sino como una cuestión matemática: un cuerpo, un tiempo, un espacio y una intención o tipo de interacción para cada vínculo que creo, donde la conjugación de nuestros deseos, ambiciones y motivaciones personales hacen que pasemos más o menos tiempo juntos, pero la entrega es siempre la misma.

Poliamor y honestidad

Ser honesta conmigo misma fue aceptar que yo no tenía nada en contra del amor romántico; de hecho, puedo ser puro romance, me encanta; simplemente, mi amor romántico no es exclusivo ni mi única forma de amar.

¿Cómo puede un ser romántico ser exclusivo?

Muchas veces, antes de reconocerme como poliamorosa, no quería decir que tenía novio por no herir los sentimientos de los demás, no quería que pensaran que por eso yo no les iba a dar mi cariño. Percibía que, al decirles que tenía novio, se desilusionaban, dado que creían que ya no podían poseerme.

Para mí, era obvio que seguiría mi conexión con esas personas, sin saber dónde estaría el límite. Yo aún no había conocido la palabra *poliamor* y no sabía cómo posicionarme. Incluso alguna vez un chico dejó de hablarme cuando le dije que tenía pareja principal. Algo que sentí como una traición, pues solo veía amigos alrededor; para mí, nada había cambiado con esa persona por tener un novio... ¡Si para ti también hay!

Ser honesta conmigo misma fue reconocer que tenía una sexualidad por descubrir, y el poliamor me permitía dejarlo claro desde el principio con cada persona nueva que conociera. Exploraba desde la perspectiva del afecto, no se trataba solo de encuentros sexuales (al menos por mi parte), sino también de afecto y sentimientos entremezclados.

Tenía que ser honesta conmigo misma para poder serlo con las personas que conociera, decirles desde el primer momento que era poliamorosa y que yo no deseaba ser la única en sus vidas.

Ser honesta conmigo misma fue reconocer que, por momentos, rechazaba el poliamor en convivencia porque no me apetecía la gestión emocional que esto me suponía, pero, en lo profundo de mi ser, no había otra opción.

Ser honesta conmigo misma fue aceptar que cargaba con el dilema erróneo de si el ser humano es naturalmente polígamo o monógamo, para sentir que yo no era ni lo uno ni lo otro, sino una mezcla de deseos —algunos, contradictorios; otros, complementarios—, y que podía reconocerlos cuando me enamoraba de diferentes personas a la vez.

Poliamor y enamoramiento. Polienamoramientos

Yo era de las que, cuando se enamoraban de alguien, al principio de la relación, no sentían ganas de intimar con otras personas, pero, con el tiempo, me di cuenta de que esta era una forma de ver las relaciones según un prisma limitante para alguien poliamoroso, y me estaba cerrando a explorar y sentir otras sensaciones que naturalmente florecían en mí, para respetar el pacto de fidelidad de la monogamia, el único tipo de fidelidad que había aprendido en aquel entonces.

A base de practicar y empezar a salir con otras personas, comprendí que sí era posible enamorarme de más de un ser a la vez, de sentir ese burbujeo en el corazón expandirse por más de una persona de manera sincrónica, cada una con su toque diferenciador; algunas, con toque de deseo; otras, de ternura; otras, con desafío, etcétera.

Mi mente quizás no puede atender con la misma calidad dos cosas al mismo tiempo, pero mi cuerpo sí tiene espacio para lo simultáneo. Sobre todo, al entender que no es necesario alimentar un enamoramiento, tener que casarme con esa persona, y al entender que, después de todo, es algo de mí lo que veo en la otra persona y que me genera esa estampida de sensaciones en el corazón que me hacen desear conectar con ella. Por eso me gusta decir que el enamoramiento es la química humana en acción.

Deconstruir mis celos

Guía para poner en palabras el sentir y liberarlo

Deconstruir los celos, un proceso

La herramienta que a continuación voy a describir es el modelo que yo utilicé en mi proceso de deconstrucción de los celos: una serie de preguntas que me ayudaron a desglosarlos por partes y ver qué partes eran estas; cuáles representaban a la Sofía cultural y cuáles a la Sofía tal como nací, para, finalmente, encontrar mi equilibrio entre las dos y sanar mis celos.

Todas las definiciones que expongo son el resultado de este proceso. Puede ser que te sientas identificado en mayor o menor medida con alguna de ellas, y que seguramente encuentres nuevos matices y colores como parte de tu propio proceso.

Durante mi proceso, entendí que no todos los momentos de celos eran iguales. Con algunos celos solo me bastaba tomar consciencia de aquello que los sustentaba para superarlos. Con otros me ha sucedido todo lo contrario (o eso parecía).

Hubo ocasiones en las que, por un mismo acontecimiento que creía superado, los celos volvían a despertarse. Aquí me di cuenta de que no los había deconstruido por completo, había en mí un límite infranqueable en ese momento de mi vida que debía respetar, o bien estaba cayendo en un bucle emocional y no había razón para sentir celos; por lo tanto, así como llegaban, se iban.

Una actitud importante

Soltar mi orgullo de pretender tener razón en las discusiones o en esos instantes conmigo misma. Soltar mi discurso para centrarme, escuchar mis pensamientos e ideas y sentir las intenciones del otro.

Sin soltar mis ganas de tener razón no habría podido superar el estrés de salir de mi zona de confort, y mucho menos abandonarla definitivamente.

Aprendí que nadie tiene razón en una discusión, ya que no hay una razón. Hay muchas razones y puntos de vista, y lo inteligente e importante era observar qué estaba defendiendo, pues eso hablaba más de mí que la discusión en sí.

Guía de los 7 pasos para superar los celos

Pasos y ejemplos[2]

	ACEPTACIÓN DE LOS CELOS
1	Sentir y reconocer que siento celos es fundamental para empezar a trabajarlos.

	EVALUAR MI COMPROMISO EN SUPERARLOS
2	Me pregunto cuál es mi coraje y deseo de transformar mi cultura del celo para saber a cuántas situaciones de celos estoy dispuesta a exponerme.

2 Los ejemplos son sugerencias de los tópicos más comunes que han salido durante la convivencia, en mis charlas y entrevistas, así como en consultas privadas.

	Identificar mi emoción principal y sentimiento detrás de mis celos
3	Una vez que reconozco mis celos, comienza la deconstrucción de la emoción real. ¿Qué emoción estoy sintiendo durante mis celos: enfado, tristeza, miedo, deseo, o una mezcla de ellos? En este punto, es necesario construir frases completas para poder observar con mayor detalle lo que cada celo significa.
	Ejemplos:
	Me entristece no poder conseguir disfrutar de mi vida cuando te vas con otra persona, desearía que no me afectara tanto y me enfada porque yo también deseo ir con otras personas y no lo estoy haciendo.

	Exteriorizar mis pensamientos
4	¿Qué sentimientos y/o pensamientos afloran mientras siento celos? (Ideas fijas) ¿Cuál de estas creencias provienen del ideal de un amor exclusivo? ¿Cuál de estas creencias son reacciones de un niño o niña herido/a? ¿Cuál de estas ideas fijas no podré superar hoy?
	Sentimientos de impotencia por...
	Me siento excluido/a. *Me siento traicionado/a.* *Me siento sucio/a.* *Me siento abandonado/a.*

- *Me siento poca cosa.*
- *Siento miedo a perderlo/a.*
- *Siento miedo al rechazo.*
- *Siento que me desagrada.*
- *Siento que no puedo con esta situación.*
- *Siento culpabilidad por…*
- *Siento admiración por…*
- *Siento rabia o furia.*
- *Siento frustración de no poder tener lo que yo quiero (mi capricho).*
- *Siento que no soy el foco principal y me molesta.*
- *Siento que me cuesta compartir…*
- *Siento que no puedo amar…*
- *Siento que esto puede poner en peligro mi relación.*
- *Siento que me quieren robar a mi pareja.*
- *Siento que mi pareja compite conmigo de alguna manera.*
- *Me gustaría hacer lo mismo que él/ella hace.*
- *Me gusta, pero me desagrada al mismo tiempo.*
- *Me enfado porque me enfado, no me gusta verme así.*

Pienso…

- *Esto no es justo. ¿Qué es esto?*
- *Esto no debería ser así. ¿Qué es esto?*
- *Conmigo debe tener suficiente.*
- *Solo yo debo o puedo satisfacerle.*
- *Pienso que la complicidad solo puede darse entre dos.*
- *Las parejas se deben un tipo de exclusividad.*

- *Debo ser especial para alguien.*
- *¿Y si la otra persona le da algo que yo no puedo darle?*
- *No puedo sentir mi enamoramiento con más de una persona.*

5	**Aplicar la gestión emocional a la emoción principal que he identificado en el paso 3**
	¿Qué es lo que me enfada de esta situación? ¿En dónde me gustaría hacer aquello que me enfada o en dónde lo hago sin darme cuenta? ¿Qué es lo que me entristece detrás de estos celos? ¿Qué ilusión tengo que se ve rota? ¿Cuál es mi miedo detrás de estos celos? ¿Qué idea fija o capricho defiendo? ¿Deseo evitar que algo suceda? ¿Siento algún placer corporal y no me doy cuenta?

6	**Observar mis reacciones y elegir cómo quiero actuar**
	¿Cómo actúo o reacciono cuando siento celos? ¿Me gusta verme así? ¿Cómo me gustaría reaccionar?
	Ejemplos:
	- *Me guardo todas mis sensaciones hasta que se van.* - *Me guardo todas mis sensaciones y luego exploto conmigo o con los demás.* - *Hago esfuerzos para no expresarlos o no actuar dañinamente desde mis celos.*

- *Quiero controlar todo y luego me controlo para no controlar.*
- *No puedo concentrarme en mis tareas.*
- *Me aíslo en mi mundo, necesito estar solo/a.*
- *Agredo o hago comentarios para descargarme, victimistas o con alguna intención que desconozco.*
- *Reprocho a la persona amada lo que hizo o dejó de hacer, lo/la culpabilizo.*
- *Siento mis celos, pero no reacciono con la otra persona.*
- *Siento mis celos y acepto que no puedo tener mi capricho, gestiono la frustración solo/a.*
- *Necesito vengarme tarde o temprano.*
- *Estoy estancado durante días con el mismo pensamiento sobre lo que sucedió dos semanas atrás.*
- *Me cuesta amar a la persona que amo, que me toque o me abrace en esos momentos, porque me siento traicionado/a o sucio/a.*
- *Entiendo que no hay razón para sentir celos, pero emocionalmente los siento.*

Comunico lo que siento a la otra persona en el momento, no puedo esperar. ¿Con qué fin?

Ejemplos:

- *Para expresarme y liberarme.*
- *Para intentar que la persona deje de hacer aquello que me molesta.*
- *Para reclamar atención.*
- *Porque necesito expresar mis sentimientos con la otra persona sin esperar que nada cambie.*

- *Porque hacerlo me ayuda a ver cómo pienso.*
- *Para llegar a un nuevo acuerdo.*

¿Cómo quiero actuar cuando siento celos?

Ejemplos:

- *Quisiera vivir aquello que me da celos como algo natural, sin tabú ni control negativo.*
- *Quisiera disfrutar y compartir con mi pareja nuestras experiencias sin sentir esa tensión extraña que identifico como celos.*
- *Quisiera no estar pensando lo que mi pareja hace o deja de hacer cuando no está conmigo.*
- *Quisiera vivir con complicidad el hecho de que mi pareja (o parejas) está con otras personas.*
- *Quisiera no desear controlar sus cosas, móvil, redes sociales o cualquier forma de expresión que le nazca.*
- *Quisiera sentirlos y no dejarme llevar por el torbellino de reacciones que me provocan.*
- *Quisiera quitarle dramatismo a la situación, encontrar el humor o la normalidad.*
- *Quisiera que duren lo menos posible.*
- *Quisiera seguir actuando como hasta ahora.*
- *Quisiera no rechazar a mi pareja o amigos en esos momentos.*

Gestión de los celos de mi pareja o alguien más. ¿Cómo me siento cuando mi pareja o mi amigo siente celos?

Ejemplos:

- *Me parece bonito y hasta tierno.*

- *Siento que no es justo.*
- *Pienso que alguien que me ama no me debería celar.*
- *Me hace sentir querido/a.*
- *Me justifico para que la persona entienda que la amo.*
- *Me siento mal porque mis acciones puedan herir a la persona que amo.*
- *Pido disculpas e intento no volver a provocarlos.*
- *Dejo de hacer aquello que al otro le provoca celos.*
- *Intento ocultar lo que activa los celos de los demás.*
- *Intento que la persona entre en razón y deje de sentir celos.*
- *Me siento agredido/a.*
- *No digo nada y espero que a la persona se le pase.*
- *Me pone furioso, no hay razón para tener celos.*
- *Me indigna y no sé cómo hacerle entender.*
- *Corto la relación o corto temporalmente el contacto con esa persona.*
- *Entiendo que es un proceso y que la persona debe aceptarlos, que no soy yo quien hiere, sino que lo que duele es algo personal.*
- *Escucho a la persona e intento encontrar sus contradicciones.*
- *Veo que las discusiones no llevan a ninguna parte.*

7	7.1 Atravesar el dolor
	Dejar que mi consciencia sane las pautas culturales aprendidas y reaccionar ante lo que he elegido en el paso anterior.
	7.2 Pivotar mi modelo de relación
	Evitar exponerme a todo aquello que me produce celos y a lo que no estoy dispuesta a ceder.

Cuaderno

1. Reconocer que estoy sintiendo celos.
2. ¿Cuál es mi compromiso para superarlos?
3. Identificar mi emoción y sentimiento detrás de mis celos. ¿Qué emoción principal estoy sintiendo con estos celos? ¿Enfado, tristeza, rabia, furia, miedo, deseo..., o una mezcla?
4. ¿Qué sentimientos y/o pensamientos afloran mientras siento celos? ¿Identifico alguna idea fija o creencia aprendida?
5. Aplicar la gestión emocional a la emoción principal que he identificado en el paso tres.

A continuación, encontramos las emociones básicas y los patrones de conducta que podemos experimentar ante una situación de celos y las preguntas que nos surgen al respecto.

Enfados – rabia – furia

- ¿Qué acontecimiento desató esta emoción?
- ¿Qué es lo que creo que me enfada de esta situación o de la persona? Si voy más profundo, ¿qué es lo que realmente me enfada?
- ¿En dónde me gustaría hacer aquello que me enfada del otro? ¿Por qué no lo hago?
- ¿En dónde lo hago y no me doy cuenta?
- ¿Siento impotencia? ¿De qué?
- ¿Siento una injusticia? ¿Cuál?
- ¿Me siento frustrada? ¿De qué? ¿Cómo puedo cambiarlo o aceptarlo?

Tristeza – desilusión

- ¿Qué es lo que me entristece detrás de estos celos?
- ¿Qué ilusión se ve rota ante lo que está sucediendo?
- ¿Son deseos propios o ilusiones de ideas de pareja las que se ven rotas?
- Una vez rota la ilusión, ¿cambia algo realmente en mi relación con la otra persona?
- ¿Hay expectativas de relación que no se cumplen? ¿Cuáles?
- ¿Cómo es vivir mi relación con esa persona sin estas expectativas? ¿Qué otras experiencias podemos compartir?
- ¿Me siento triste conmigo misma y mi autoestima se ve afectada?

Miedo

- ¿Cuál es mi miedo detrás de estos celos?
- ¿Deseo evitar que algo suceda por miedo?
- ¿Siento que voy a perder algo? ¿Qué?

Deseo

- ¿Siento algún placer corporal y no me doy cuenta?
- ¿Hay algo que deseo tanto que no me atrevo por autocastración?
- ¿Hay detrás de estos celos algún placer nuevo que desconozco o no me autorizo a vivir? ¿Cuál?
- ¿Qué sentiría si lo llevo a cabo?
- ¿Siento admiración hacia lo que celo?

Control *versus* espontaneidad

- Idea fija o capricho. Si defiendo ideas o pensamientos fuertemente, ¿cuáles son? ¿Cómo me siento al defender dichas ideas o caprichos? ¿Es lo que quiero realmente?
- Control. ¿Qué es lo que deseo evitar? ¿Qué información quiero saber pero en realidad no necesito? ¿Qué hago con la información que recibo? ¿Controlo para que mis ideas o caprichos se lleven a cabo y no la voluntad del momento y de las demás personas?

6. A. ¿Cómo actúo o reacciono cuando siento celos?
   B. ¿Cómo me gustaría actuar cuando siento celos?
7. ¿Estoy dispuesta a atravesar el dolor que me producen los celos? ¿Voy a soltar aquello que los fundamenta? ¿Voy a amar lo que hoy rechazo? ¿Soy flexible y valiente? ¿Soy rígida y no me atrevo? ¿No puedo con esto y necesito estabilidad emocional para dedicarme a otras tareas en mi vida, al menos por el momento? (Pivoteo de modelo relacional).

Deconstrucción cultural de los celos

Veinticinco preguntas

Esta guía es útil para identificar las creencias personales sobre el amor y el sentirse correspondido. De esta forma, podrás detectar con cuál de estas creencias te sientes identificado/a y cuáles, en realidad, no necesitas para ser feliz.

Una vez que detectes aquellas ideas que te son indiferentes, podrás ir superando el deseo de que se cumplan y, por lo tanto, superando los celos derivados de este deseo cultural.

1	¿Qué es para mí el amor según lo que aprendí?
2	¿Qué significa para mí sentirme amado y correspondido?
3	¿Qué ideas representan para mí el amor romántico?
4	¿Qué significa para mí hacer pareja?
5	¿Tengo deseos de hacer pareja? ¿Cómo me siento con la idea?
6	¿Debe mi vínculo cumplir algún tipo de exclusividad para sentirme amado o respetado? ¿Cuál?
7	¿Cómo me siento al pedir algún tipo de exclusividad?
8	¿Qué significa para mí ser fiel a la otra persona y que me sean fiel?
9	¿Qué significa para mí ser honesto con la persona que amo?

10	¿Cómo sería nuestra relación si yo no sintiera celos?

Cuando siento celos por una situación en concreto:

11	¿Se activa alguna creencia del amor romántico, o exclusivo, que se ve afectada?
12	¿Rechazo fuertemente algo de esta situación? ¿Qué es? ¿Podría aceptarlo y soltar?
13	¿Me gustaría cambiar algo de esta situación? ¿Con qué intención?
14	¿Hay una nueva experiencia que no me atrevo a vivir detrás de estos celos?
15	¿Me comparo con otras personas cuando siento celos? ¿Qué obtengo de esa comparación?
16	¿Se ve mi autoestima afectada?
17	¿Hay algún capricho de idea de relación que defiendo detrás de estos celos? ¿Cuál?

18 ¿Siento algún tipo de admiración en aquello que celo?

19 ¿Qué le pido a la otra persona para que no me haga sentir celos? ¿Cómo me siento al pedírselo?

20 ¿Siento que pierdo el control de algo? Si es el caso, ¿qué es lo que deseo controlar y no puedo?

21 ¿Qué no estoy amando detrás de mis celos?

22 ¿De qué tengo celos hoy?

23 ¿De qué no tengo celos hoy que antes tuve?

24 ¿De qué me gustaría no tener celos?

25 ¿Reconoces alguna de estas ideas culturales que puedan sustentar tus celos?

- *Solo me debe amar a mí.*
- *Solo yo debo satisfacerle al completo.*
- *Si está conmigo, es normal que no esté con otra persona.*

- *Si hace eso, es porque no me ama/respeta.*
- *Si está con otra persona, no está conmigo; entonces, no me corresponde y significa que no me ama.*
- *Eso no es amor, eso no se hace.*
- *Solo yo puedo/debo satisfacerle.*
- *Si hace eso, me siento poca cosa.*
- *Si está con otras personas, yo no soy especial.*
- *Solo se puede amar y entregarse totalmente a una persona.*
- *Qué dirán los demás de esto.*
- *Lo que comparte conmigo no debe compartirlo con otra persona.*
- *Si está con otra persona, significa que yo no soy suficiente.*

El sentido de mis relaciones y cómo me enamoro

Treinta preguntas

¿Qué quiero de una relación o de mi pareja? Con este ejercicio podrás definir tu modelo relacional actual para saber qué esperas de una persona y cómo gestionas dichas expectativas. Además, te permitirá encontrar las bases para realizar acuerdos sanos y viables entre las personas. Conoce tus deseos primero para luego saber qué puedes pedir y dar.

Relaciones

Útil para saber cuál es el sentido de una relación que tengo o estoy empezando, sea amistosa, de pareja, familiar, por trabajo, etcétera. Pueden ser de dos personas, tres o más.

1	¿Qué sostiene la relación? ¿Un proyecto en común, pasar tiempo juntos, hijos, etcétera?

2 	¿Qué doy yo a esta relación? ¿Es lo que quiero?

3	¿Qué recibo de esta relación? ¿Es lo que quiero?

4	¿Qué expectativas tengo con esta relación? ¿Se cumplen?

5 	¿Qué expectativas reales puedo tener con esta relación y cuáles no?

Parejas

Si en alguna de tus relaciones se te activan deseos de formalizar una pareja, este trabajo te ayudará a identificar si esto es lo que realmente quieres, si es viable con esa persona, y cuál es el verdadero sentido de vuestra relación. Si no tienes este deseo con nadie, te ayudará a identificar si estás en la búsqueda, si guardas este deseo en tu subconsciente o si no lo buscas realmente.

6	¿Deseo formar una pareja? ¿O varias?

7 ¿Qué busco con estar en pareja? ¿O teniendo varias?

8 ¿Qué expectativas debe cumplir una persona que es mi pareja?

9 ¿Qué expectativas de mi pareja debo cumplir?

10 ¿Deseo algún tipo de exclusividad (sexual, afectiva, sexual-afectiva) o no es importante para mí?

11 ¿Cómo me gustaría desarrollar la convivencia en pareja? ¿Necesito convivir? ¿Vivir por separado? ¿Qué actividades son importantes compartir y cuáles no? ¿Son correspondidas por el otro?

12 ¿Qué necesito comunicar en pareja o en mis relaciones? ¿Qué necesito saber de mi vínculo?

13 En cuanto a otras relaciones que se incluyen a la pareja actual, ¿existen jerarquías o diferentes etiquetas? ¿Hay una relación principal?

14 ¿Mi modelo preferible es vivir solo y luego tener relaciones simultáneas? ¿Qué calidad deben tener dichas relaciones?

En cuanto a mis celos...

15	¿Quiero establecer límites para evitar sentir mis celos?
16	¿Estoy dispuesto a descubrir qué hechos me provocan celos y sanarlos?
17	¿Qué hechos me provocarían celos?
18	¿Qué hechos no?
19	¿Qué hechos le provocarían celos a la otra persona? ¿Estoy dispuesto a respetarlos o debemos pivotar el modelo relacional?

Conociendo mi enamoramiento

20	¿Cómo es mi enamoramiento? Me enamoro de alguien y... - *Hoy sí deseo, pero mañana no sé.* - *Tengo ganas de verlo/a, pero no pierdo la concentración.*

- *Si no soy correspondido de la misma forma, me frustro.*
- *Pierdo la concentración, no hay manera.*
- *Proyecto un futuro con esta persona.*
- *Tengo la esperanza de que por mí cambie.*
- *Se activa el deseo de ser su pareja o elegido.*
- *Deseo ayudarlo/a, o ser parte de su vida de manera activa.*
- *Se activan dinámicas de amor tóxico: manipulación, hacer sentir mal al otro, menospreciar, sentir que la otra persona te quita energía, tener actitudes agresivas o de destrucción del vínculo creado...*
- *Me observo y controlo para entender lo que me sucede.*

21 
¿Siento que esa persona me va a dar algo que no tengo? ¿Qué?

22 
¿Siento que voy a vivir experiencias que solo no puedo vivir? ¿Cuáles?

23 
¿Cómo puedo proveerme por mí mismo/a de lo que proyecto en el otro?

24 
¿Me gusta lo que no puedo tener? ¿Qué es lo que no puedo tener de esa persona? ¿Qué es lo que sí puedo tener de esa persona?

25	¿Despierta en mí ilusiones de pareja o proyectos esta persona? ¿Cuáles?
26 	¿Qué tipo de relación deseo crear con esta persona? ¿Es posible?
27 	Si la relación que deseo crear con esta persona no es posible, ¿qué es lo que se puede crear? ¿Cómo me siento con esto? ¿Es viable?
28 	¿Deseo ser la única o el único para esa persona? ¿Cómo podemos tratar la exclusividad? ¿Tengo otros vínculos? ¿Tiene esa persona otros vínculos?
29 	¿Cuando me enamoro de una persona no puedo enamorarme de otra? ¿Puedo enamorarme simultáneamente de personas diferentes?
30 	Si me enamoro de alguien más, ¿siento que estoy engañando o traicionando a mi vínculo principal?

Fin